Christa Koppensteiner, Christl Meixner

Lese- und Lernprofi 4

Sinnerfassend lesen lernen
mit Julia und Michael, den Leseprofis

Mildenberger

Ein Großteil der Lerntipps in den „Lese- und Lernprofi"-Bänden stammt aus den Büchern:

„Easy Learning 1", Lerngrundlagen – Wie Lernen funktioniert

„Easy Learning 2", Lerntechniken – So lerne ich erfolgreich

„Easy Learning 3", Die Praxis – Lernen in den Fachgegenständen

von Christa Koppensteiner, Bildungsverlag Lemberger, Wien, 2006

Lese- und Lernprofi 4
Sinnerfassend lesen lernen
mit Julia und Michael, den Leseprofis

Originalausgabe
Bildungsverlag Lemberger
Pointengasse 21 - 23/11
A - 1170 Wien
www.lemberger.at

Bestell-Nr. 4406-40 · ISBN 978-3-619-44640-7

www.mildenberger-verlag.de
E-Mail: info@mildenberger-verlag.de

4. Auflage 2025

Redaktion: Dr. Mirja Piltz
Grafik: Mildenberger Verlag GmbH
Illustrationen: Elisabeth Lottermoser, 33334 Gütersloh
Druck: AZ Druck und Datentechnik GmbH, 87437 Kempten
Gedruckt auf umweltfreundlichen Papieren

www.mildenberger-verlag.de

Zeitungstexte lesen

Sach- und Gebrauchstexte lesen

Inhalt

Hallo und herzlich willkommen!

Wir sind Julia und Michael und in diesem Schuljahr werden wir dich durch dieses Heft begleiten.

Zahlreiche spannende Aufgaben und Übungen erwarten dich.

In diesem Schuljahr wirst du lernen, was du beachten musst, wenn du Zeitungs-, Sach- und Gebrauchstexte liest. Auch wie man wichtige Textstellen herausfindet und markiert, wirst du erfahren.

Am Ende des Schuljahres und mit Abschluss der Grundschule wirst du dann ein richtiger Leseprofi und damit bestens gerüstet für deine weitere Schullaufbahn sein.

Viel Spaß beim Lesen und Lernen wünschen dir

Julia und Michael

Mit dem folgenden Lesetest kannst du überprüfen, wie gut du momentan Texte, die du gelesen hast, verstehen kannst.

Aufgabenstellung:

- Der Test besteht aus drei Teilaufgaben.
- Löse alle drei Aufgaben und vergleiche anschließend deine Ergebnisse mit den Lösungen auf Seite 12.
- Je mehr richtige Antworten du hast, desto besser hast du die Texte verstanden.

Aufgabe 1:

Lies dir jeden Satz durch und stelle fest, ob die Aussage richtig **R** oder falsch **F** ist. Kreise die jeweils zutreffende Aussage ein.

Zeit: 2 Minuten

1)	Erdbeeren sind blau.	**R**	**F**
2)	Igel haben Stacheln.	**R**	**F**
3)	Äpfel wachsen auf Bäumen.	**R**	**F**
4)	Im Federmäppchen trägt man Bücher.	**R**	**F**
5)	Unter dem Christbaum liegen Geschenke.	**R**	**F**
6)	Mit dem Adventskalender zählt man die Tage bis zum Geburtstag.	**R**	**F**
7)	Wenn man es eilig hat, dann läuft man.	**R**	**F**
8)	In der Nacht steht die Sonne am Himmel.	**R**	**F**
9)	Wenn ein Tier krank ist, dann muss man zum Tierarzt.	**R**	**F**
10)	Im Winter zieht man kurze Hosen an.	**R**	**F**
11)	Im Wohnzimmer steht oft der Fernseher.	**R**	**F**
12)	Die beste Sicht beim Autofahren hat man bei dichtem Nebel.	**R**	**F**
13)	Damit man in einem großen Raum besser zu hören ist, verwendet man ein Mikrofon.	**R**	**F**
14)	Mit einem Computer kann man Briefe schreiben.	**R**	**F**
15)	Wer schlecht sieht, sollte sich mit einem Hörgerät helfen.	**R**	**F**
16)	Bei starkem Wind fällt leicht etwas um.	**R**	**F**

17) Im Frühling fallen die Blätter von den Bäumen.	R	F
18) Im Sommer gehen wir häufig Skifahren.	R	F
19) Der Friseur schneidet die Haare.	R	F
20) Die Dusche befindet sich in der Küche.	R	F

Aufgabe 2:

Beantworte die Fragen zum Text.

Zeit: 5 Minuten

Die Taube und die Ameise

An einem heißen Sommertag flog eine durstige Taube an einen kleinen, rieselnden Bach. Sie girrte vor Verlangen, neigte ihren Kopf und tauchte den Schnabel in das klare Wasser. Hastig saugte sie den kühlen Trunk.

Doch plötzlich hielt sie inne. Sie sah, wie eine Ameise heftig mit ihren winzigen Beinchen strampelte und sich verzweifelt bemühte, wieder an Land zu paddeln. Die Taube überlegte nicht lange, knickte einen dicken, langen Grasstängel ab und warf ihn der Ameise zu. Flink kletterte diese auf den Halm und krabbelte über die Rettungsbrücke an Land. Die Taube brummelte zufrieden, schlurfte noch ein wenig Wasser und sonnte sich danach auf einem dicken, dürren Ast, den der Blitz von einem mächtigen Baum abgespalten hatte und der nahe am Bach lag. Ein junger Bursche patschte barfuß durch die Wiesen zum Wasser. Er trug einen selbst geschnitzten Pfeil und einen Bogen. Als er die Taube erblickte, blitzten seine Augen auf. „Gebratene Tauben sind meine Lieblingsspeise", lachte er und spannte siegesgewiss seinen Bogen.

Erbost über dieses unerhörte Vorhaben gegen ihren gefiederten Wohltäter, kroch die Ameise behände auf seinen Fuß und zwickte ihn voller Zorn.

Der Taugenichts zuckte zusammen und schlug mit seiner Hand kräftig nach dem kleinen Quälgeist. Das klatschende Geräusch schreckte die Taube aus ihren sonnigen Träumen auf, und eilig flog sie davon.

Aus Freude, dass sie ihrem Retter danken konnte, biss die Ameise noch einmal kräftig zu und kroch dann wohl gelaunt in einen Maulwurfshügel.

Beantworte nun die Fragen ohne nachzulesen. Kreuze an.

1. Wann flog die Taube zum Bach?

a) an einem sonnigen Sommertag ☐
b) an einem heißen Sommertag ☐
c) an einem klaren Sommertag ☐

2. Was warf die Taube der Ameise zu?

a) einen dürren Ast ☐
b) einen Strohhalm ☐
c) einen dicken, langen Grasstängel ☐

3. Was trug der junge Bursche?

a) Pfeil und Bogen ☐
b) ein Gewehr ☐
c) einen Stock ☐

4. Was machte die Ameise?

a) Sie kroch auf seinen Fuß und zwickte ihn. ☐
b) Sie kroch auf seine Hand und zwickte ihn. ☐
c) Sie kroch auf seinen Zeh und zwickte ihn. ☐

Aufgabe 3:

Lies dir jeden Satz durch und setze das passende Wort ein.

Zeit: 5 Minuten

geschützt, Lebenserwartung, Riesen, Tiergarten, Nahrung, Riesenschildkröten, verringert, Jahren, Blätter, Mensch, friedlich

Riesenschildkröten

Riesenschildkröten gibt es schon seit vielen tausend ________________. Sie haben schon zu Zeiten der Dinosaurier gelebt. Riesenschildkröten sind die Wirbeltiere mit der höchsten ___________________________. Sie können über 200 Jahre alt werden. Erst mit 20 bis 25 Jahren erreichen die Tiere die Geschlechtsreife. Ausgewachsene Männchen wiegen ca. 250 kg und sind etwa 1,20 m lang, Weibchen erreichen 170 kg und werden 90 cm lang.

In früheren Zeiten drohte den friedlichen ________________ besonders Gefahr von den Seefahrern. Die genügsamen Tiere, die längere Zeit ohne ________________ auskommen können, wurden nämlich gerne als lebende Fleischkonserven auf große Fahrten mitgenommen. Durch diese Sitte wurde der Bestand der ______________________________ über Jahrhunderte hinweg stark ________________.

Obwohl diese Urviecher richtig gefährlich aussehen, sind sie ganz ________________. Ihre Lieblingsnahrung sind Gräser und frische ________________. Die Seychellen sind der letzte Ort weltweit, wo diese Riesenschildkröten noch leben. Feinde haben sie keine, die größte Gefahr für sie ist der ________________. Ihr Fleisch galt lange Zeit als Delikatesse und deshalb wurden sie fast ausgerottet. Heute sind die wenigen noch frei lebenden Tiere durch weltweite Abkommen ________________. Im ________________ Schönbrunn gibt es Riesenschildkröten zu sehen.

Nun vergleiche mit den Lösungen auf Seite 12 und trage deine Ergebnisse hier ein:

Aufgabe 1: Anzahl richtiger Antworten: ________________ /20

Aufgabe 2: Anzahl richtiger Antworten: ________________ /4

Aufgabe 3: Anzahl richtig eingesetzter Wörter: ________________ /11

LÖSUNGEN

Aufgabe 1: Richtig oder falsch

1. R **(F)**	6. R **(F)**	11. **(R)** F	16. **(R)** F
2. **(R)** F	7. **(R)** F	12. R **(F)**	17. R **(F)**
3. **(R)** F	8. R **(F)**	13. **(R)** F	18. R **(F)**
4. R **(F)**	9. **(R)** F	14. **(R)** F	19. **(R)** F
5. **(R)** F	10. R **(F)**	15. R **(F)**	20. R **(F)**

Aufgabe 2: Fragen zum Text beantworten

1b, 2c, 3a, 4a

Aufgabe 3: Wörter richtig einsetzen

Riesenschildkröten gibt es schon seit vielen tausend Jahren. Sie haben schon zu Zeiten der Dinosaurier gelebt. Riesenschildkröten sind die Wirbeltiere mit der höchsten Lebenserwartung. Sie können über 200 Jahre alt werden. Erst mit 20 bis 25 Jahren erreichen die Tiere die Geschlechtsreife. Ausgewachsene Männchen wiegen ca. 250 kg und sind etwa 1,20 m lang, Weibchen erreichen 170 kg und werden 90 cm lang. In früheren Zeiten drohte den friedlichen Riesen besonders Gefahr von den Seefahrern. Die genügsamen Tiere, die längere Zeit ohne Nahrung auskommen können, wurden nämlich gerne als lebende Fleischkonserven auf große Fahrten mitgenommen. Durch diese Sitte wurde der Bestand der Riesenschildkröten über Jahrhunderte hinweg stark verringert. Obwohl diese Urviecher richtig gefährlich aussehen, sind sie ganz friedlich. Ihre Lieblingsnahrung sind Gräser und frische Blätter. Die Seychellen sind der letzte Ort weltweit, wo diese Riesenschildkröten noch leben. Feinde haben sie keine, die größte Gefahr für sie ist der Mensch. Ihr Fleisch galt lange Zeit als Delikatesse und deshalb wurden sie fast ausgerottet. Heute sind die wenigen noch frei lebenden Tiere durch weltweite Abkommen geschützt. Im Tiergarten Schönbrunn gibt es Riesenschildkröten zu sehen.

Übung 1

Leseregeln

1. Lies immer mit voller Aufmerksamkeit und konzentriere dich auf den Text.

Lass den Fernseher aus, wenn du liest.

Wenn du einen Text liest und dabei aber z. B. an deine Geburtstagsparty denkst, dann konzentrierst du dich nicht auf den Textinhalt und weißt nachher nicht, was du gelesen hast.

Denke also nicht an andere Dinge, wenn du liest.

2. Damit du dir merken kannst, was du gelesen hast, musst du dir alles, was du liest, vorstellen können.

Bildhafte Wörter wie Haus, Garten und Oma kannst du dir leicht vorstellen. Schwieriger wird es mit abstrakten (= unanschaulichen) Begriffen wie Freiheit, Frieden, Weisheit, Kreativität usw.

Umgang mit abstrakten (= unanschaulichen) Begriffen:

Verbinde auch abstrakte Begriffe und Informationen mit Bildern. Bei Gefühlen stellst du dir am besten die dazugehörige Körperhaltung vor oder du suchst nach entsprechenden Fallbeispielen aus dem Alltag.

Beispiel:
Angenommen, du liest den Begriff Freiheit. Dann kannst du dir zu diesem Begriff z. B. die amerikanische Freiheitsstatue vorstellen oder einen Vogel, der aus einem Käfig davonfliegt.

Oder wenn du den Begriff Weisheit liest, dann stellst du dir vielleicht eine alte, weißhaarige Person vor, die die Leute um Rat fragen.

Trainiere deine rechte Gehirnhälfte, indem du Tätigkeiten, die du normalerweise mit der rechten Hand ausführst, mit der linken machst.
Nimm doch z. B. einmal deine Zahnbürste in die linke Hand!

Stelle dir Opa vor, wie er auf der Bank sitzt! Fühle die Sonne, rieche den Kaffeeduft, schmecke die Torte und höre Oma fragen! Das ist das Lesen mit allen Sinnen.

3. Wenn du Wörter liest, die du nicht verstehst, dann musst du die Bedeutung herausfinden. Frage jemanden oder schlage in einem Wörterbuch nach.

Mit der Erklärung kannst du dann wieder nach einem Beispiel aus der Praxis suchen. Du schlägst z. B. unter dem Wort „akut“ nach und liest „akut = plötzlich auftretend, heftig verlaufend“. Dann kannst du dir z. B. einen Menschen vorstellen, der ganz plötzlich und heftig krank geworden ist.

4. Je mehr Sinne du beim Lesen mit einbeziehst, desto besser kannst du dir merken, was du gelesen hast.

Stelle dir den folgenden Text mit allen Sinnen vor, höre die Stimmen, fühle, rieche und schmecke:

Opa saß im Garten auf der Bank. Er genoss seinen Nachmittag. Die Herbstsonne schien ihm warm ins Gesicht. Der Kaffee duftete köstlich und die Torte schmeckte ihm ausgezeichnet. „Darf ich kosten?“, fragte Oma. Doch Opa schüttelte verneinend den Kopf.

5. Stelle dir nun die folgenden abstrakten Begriffe bildlich vor.

Denke entweder an die entsprechende Körperhaltung oder an Situationen aus deinem Leben, damit die Begriffe für dich vorstellbar werden. Wenn du die Wörter nicht kennst, dann schlage in einem Wörterbuch nach.

energisch – großartig – topfit – bezaubernd
kerngesund – bedrückt – schlapp – einsam
sauer – elend – gekränkt – Stress – Angst
Hektik – Kreativität – Flexibilität

Übung 2

Lies die Geschichte und stelle sie dir mit allen Sinnen vor.

Claudia hat Zahnschmerzen

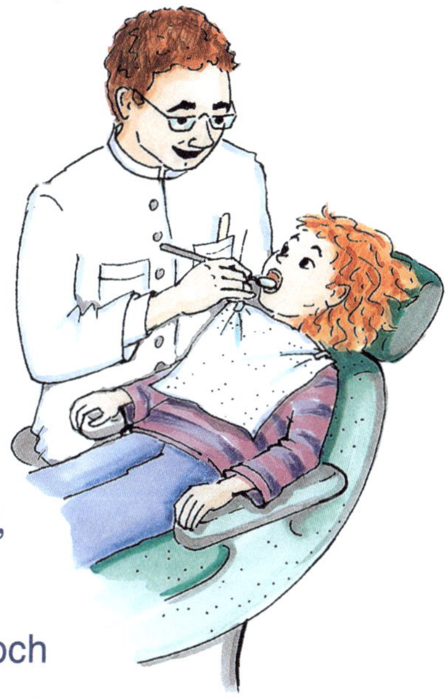

Claudia sitzt ganz verkrampft auf dem Zahnarztstuhl und hält sich ängstlich daran fest. Zahnarztbesuche machen ihr nämlich seit dem letzten schwer zu schaffen. Damals hatte ihr der Zahnarzt unter höllischen Schmerzen einen Zahn plombiert. Claudia will gar nicht daran denken. Und nun, das ist kaum ein halbes Jahr her, ist sie schon wieder hier. Diese verflixten Zähne! Schon das Geräusch des Bohrers verursacht ihr Übelkeit.

„Na, was haben wir denn für ein Problem?“, fragt der Zahnarzt gut gelaunt und Claudia macht sich beim Anblick des Zahnarztes noch ein bisschen kleiner auf ihrem Stuhl, als würde das etwas nützen. Wie kann dieser Mensch so gut gelaunt sein? Wären da nicht die Zahnschmerzen gewesen, wäre sie längst abgehauen. Aber es hilft nichts, da muss sie jetzt durch. Tapfer zeigt sie auf den schmerzenden Zahn und erklärt: „Der tut wie verrückt weh!“ Der Zahnarzt sieht sich den Zahn an und meint: „Na, das haben wir doch gleich“. Und bevor Claudia weiß, wie ihr geschieht, hat er den Zahn auch schon gezogen. Claudia ist ziemlich überrascht. „Was, schon fertig? Das hat ja gar nicht wehgetan“, meint sie. „Es war auch nur ein kaputter Milchzahn. Milchzähne haben noch keine tiefen Wurzeln, die kann man leicht ziehen“, erklärt der Zahnarzt. „Na, super“, sagt Claudia, jetzt wieder gut gelaunt. Sie hat es trotzdem sehr eilig, aus der Praxis zu verschwinden. „Vergiss nicht das Zähneputzen“, ruft ihr der Zahnarzt noch nach, aber das hört Claudia schon nicht mehr.

Kannst du dir Claudia beim Zahnarzt vorstellen? Kannst du das Geräusch des Bohrers und das, was der Zahnarzt sagt, in deinem Kopf hören? Kannst du fühlen, wie es Claudia geht?

Trage die neuen Wörter hinten in die Wörterliste ein!

Beantworte nun die folgenden Fragen.

1. Was bedeutet verkrampft?

a) verspannt, nicht locker ▢
b) weinend ▢
c) lachend ▢

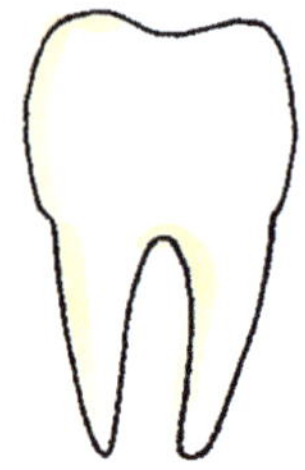

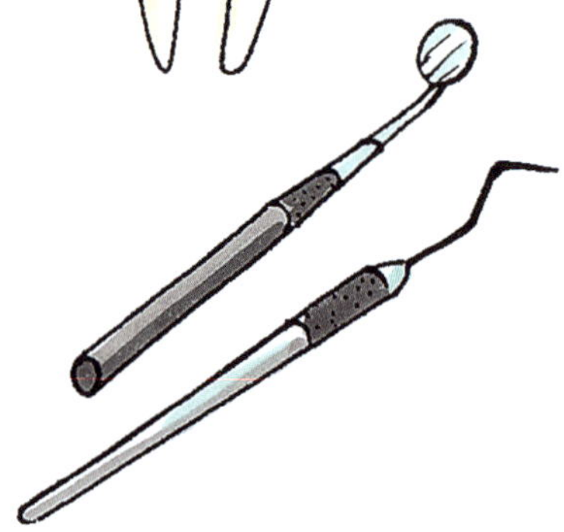

2. Was bedeutet plombieren?

a) einen Zahn aufbohren ▢
b) einen Zahn ziehen ▢
c) eine Zahnfüllung machen ▢

3. Was bedeutet kaputt?

a) beschädigt ▢
b) groß ▢
c) klein ▢

4. Was ist ein Milchzahn?

a) ein bleibender Zahn ▢
b) ein Zahn vom ersten Gebiss ▢
c) ein Zahn aus Milch ▢

5. Was ist eine Praxis?

a) Behandlungsraum ▢
b) Vorraum ▢
c) Abstellraum ▢

6. Warum hat Claudia Angst vor dem Zahnarzt? Weil er ihr das letzte Mal unter höllischen Schmerzen einen …

a) Zahn gereinigt hat. ▢
b) Zahn gezogen hat. ▢
c) Zahn plombiert hat. ▢

7. Was soll Claudia nicht vergessen?

a) den nächsten Zahnarztbesuch ▢
b) das Zähneputzen ▢
c) die Zahnbürste ▢

Nicht nur lesen, sondern auch lernen solltest du mit allen Sinnen. Dadurch prägt sich der Lernstoff viel besser ein.

Übung 3

Je mehr Buchstaben und Wörter du auf einen Blick gleichzeitig erkennen kannst, umso schneller liest du. Die folgende Übung erweitert deine Blickspanne.

1. Zwei Wörter mit drei Buchstaben gleichzeitig erkennen

   Decke die Zeilen mit einem Blatt Papier ab, sodass du immer nur eine Zeile siehst. Schau bei den Wortpaaren auf den Gedankenstrich und versuche, mit einem Blick beide Wörter zu erfassen.

Rad – Reh
Wal – Wut
Uhr – Uhu
wer – was
Kot – Not
das – was
Mut – Wut
Ohr – Zeh
Fee – gut
Fuß – Bad

Übung macht den Meister! Erstelle dir auch selber solche Wörterlisten!

2. Probiere es gleich nochmal.

ihr – sie
wie – wer
Bau – Tau
rot – tot
aus – ein
auf – dir
hin – her
der – das
wir – ihr
war – für

3. Zwei Wörter mit vier Buchstaben gleichzeitig erkennen

Mache diese Übung erst, wenn du die Wörter mit drei Buchstaben gleichzeitig erkennen und lesen kannst. Decke immer nur ein Wortpaar auf. Schau wieder auf den Gedankenstrich und versuche, beide Wörter mit einem Blick zu erfassen.

Maus – Haus Text – Topf
Geld – Buch Bank – Krug
Kuss – Mund Brot – Ofen
Land – Korb grün – weiß
fort – Wort Hase – Nase
Hand – Laus auch – doch
Loch – Kopf dick – kein

4. Zwei Wörter mit fünf Buchstaben gleichzeitig erkennen

Mache diese Übung erst, wenn du die Wörter mit vier Buchstaben gleichzeitig erkennen und lesen kannst. Ziehe das Blatt Zeile für Zeile für einen kurzen Moment nach unten, dann decke die Zeile sofort wieder zu. Schreibe die Begriffe auf.

Tisch – Tasse Blick – Karte
krank – hinkt Blume – Stift
Frage – Wiese Wolke – Sonne
Kegel – Fisch Maria – Sonja
Pferd – Vater Klaus – Klara

Wenn du regelmäßig übst, kannst du die Wörterliste auf Wörter mit sechs Buchstaben und mehr erweitern und deine Blickspanne immer weiter ausdehnen.

Übung 4

Vergiss auch beim Schnelllesen nicht, dir den Text mit allen Sinnen vorzustellen!

Um schneller zu lesen, solltest du folgende Lesebremsen ablegen:

Verzichte darauf,

- mit dem Finger auf die Wörter zu zeigen, die du liest,
- den Kopf beim Lesen hin und her zu bewegen,
- Wort für Wort zu lesen; erfasse ganze Wortgruppen mit einem Blick.

1. Lies den folgenden Text, so schnell du kannst, und stelle mit einer Stoppuhr deine Lesezeit fest.

Wo steckt Mieze?

Sandra war besorgt: Mieze, ihre Katze, wurde immer fetter. Außerdem verhielt sie sich seltsam. Sie wollte einfach nicht mehr in ihren Katzenkorb. „Bestimmt ist sie krank“, sagte Sandra zu ihrer Mama. „Ihr Bauch ist ganz dick, und seit Tagen schläft sie nicht mehr in ihrem Körbchen.“ „Mach dir keine Sorgen“, beruhigte Mama sie und nahm sie in den Arm. „Wenn es Mieze morgen früh nicht besser geht, bringen wir sie zum Tierarzt.“

„Nicht so laut!“, flüsterte Sandra. „Du weißt doch, dass sie da überhaupt nicht gern hingeht.“ Aber zu spät, Mieze war schon verschwunden. Sandra und ihre Mutter durchsuchten das ganze Haus, konnten die Katze aber nirgends finden. Nicht einmal, als sie ihr ein Schüsselchen mit Milch hinstellten, kam sie angelaufen. Auch am nächsten Morgen fanden sie keine Spur von Mieze. „Sie hat wahrscheinlich gehört, dass wir vom Tierarzt gesprochen haben“, stöhnte Sandra, während sie überall nach ihr suchten. Sie fanden alles Mögliche, was seit langem vermisst wurde. Nur Mieze war nirgends zu sehen.

Diese Übungen trainieren auch die Erweiterung der Blickspanne und die Konzentration.

Mieze war weder im Haus noch im Garten, also ging Mama mit Sandra in den Park, um weiterzusuchen. „Komm, Mieze“, lockte Sandra. Leider sahen sie nur Hunde im Park. Da Mieze Hunde nicht ausstehen konnte, war sie bestimmt nicht hier. Am Nachmittag war Sandra mit ihrer Mutter im Garten, als Frau Müller von nebenan über die Hecke rief: „Kommt mal her und guckt euch an, was ich in meinem Wäschekorb gefunden habe.“ Sie lächelte. Dort, inmitten der Wäsche, lag Mieze und neben ihr lagen fünf süße Katzenbabys. Mieze hatte also gar keine Krankheit gehabt, sondern bloß Junge erwartet!

Gaby Goldsack
übersetzt von Kirsten E. Lehmann

Meine Lesezeit: ______________________

2. Im folgenden Text fehlen einzelne Buchstaben oder Wortteile. Ergänze sie während des Lesens.

So sieht der Text aus: Die Katze brau____ Abwechsl____.

So sollst du ihn lesen: Die Katze brau**cht** Abwechs**lung**.

Katzenhaltung in der Wohnung

Die reine Wohnungshalt____ von Katz____ kann durchaus artgerecht sein, aber die Katze braucht Abwechsl____, damit sie sich nicht langwei____. Die meisten Katzen lieben Kratzbäu____ zum Spielen und Klettern. Wer sich keinen teuren Kratzbaum anschaffen will, ka____ auch ein Stück Teppich an d____ Wand befestigen, an d____ die Katze hochklettern kann. Gibt es keinen Kratzbaum für die Katze, so hält sie si____ überall sonst in der Wohnung auf. Sie ma____ auch gerne Plätze hoch ob____, damit sie das Geschehen überschauen ka____. Zu den wichtigsten Abwechslungen in ein____ Katzenleben gehört a____ jeden Fall d____ tägliche Spielrunde.

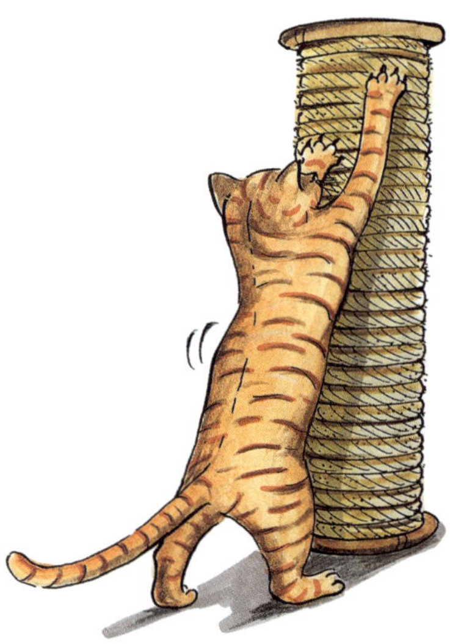

Meine Lesezeit: ______________________

3. Nun wird es schwieriger. Im folgenden Text fehlt der Selbstlaut „a“. Kannst du den Text lesen? Wie lange brauchst du dazu?

Der gute R___t

Eines __bends w__nderten zwei Freunde durch einen W__ld. Plötzlich s__hen sie im Dämmerlicht einen großen Bären zwischen den Bäumen stehen. Einer der Freunde kletterte r__sch __uf eine hohe T__nne und blieb, vor Furcht zitternd, oben in den Zweigen hocken. Der zweite Freund, der nicht klettern konnte, s__h keinen __nderen __usweg, __ls sich tot zu stellen. Er ließ sich __uf den N__delboden f__llen und blieb regungslos liegen. Der Bär k__m näher und beschnüffelte den M__nn von Kopf bis Fuß. Der M__nn hielt die __ugen fest zugedrückt und l__g bewegungslos d__. Er rührte sich __uch d__nn nicht, __ls er den heißen __tem des Bären __uf seinem Gesicht fühlte. Stocksteif l__g er d__ und hielt den __tem __n, obwohl er vor __ngst __m liebsten l__ut losgebrüllt hätte. Der Bär hielt ihn für tot und d__ Bären keine Toten __nrühren, ließ er ihn liegen und trottete d__von. __ls der Bär verschwunden w__r, kletterte der Freund von seinem sicheren Versteck und fr__gte seinen Begleiter: „W__s h__t dir der Bär ins Ohr geflüstert?“ „Oh“, s__gte der __ndere, „er g__b mir den guten R__t, d__ss ich nie wieder mit einem Freund zus__mmen w__ndern soll, der sich in der Gef__hr so t__pfer __us dem St__ub m__cht und mich im Stich lässt.“

Meine Lesezeit: ______________________

Wenn du Spannung aufbauen willst, kannst du auch ein bisschen schneller lesen.

Übung 5

Einen Text/ein Gedicht ausdrucksvoll zu lesen bedeutet, die Satzzeichen beim Lesen zu berücksichtigen, den Text unterschiedlich zu betonen und gezielt Pausen einzusetzen.

- Gehe mit der Stimme nach unten, wenn ein Punkt steht, z. B.: Michael geht ins Haus.
- Gehe mit der Stimme nach oben, wenn du eine Frage liest, z. B.: Geht Michael ins Haus hinein?
- Lies im Befehlston, wenn ein Ausrufezeichen steht, z. B.: Michael, geh ins Haus!
- Lege eine kurze Pause ein, wenn ein Komma steht, z. B.: Michael, der Freund von Julia, geht ins Haus.

Lies nun das folgende Gedicht mit der richtigen Betonung vor.

In meinem Haus lebt ein Gespenst

In meinem Haus lebt ein Gespenst.
Es könnte sein, dass du es kennst.
Des Nachts, wenn ich gern schlafen will,
geistert es, bleibt niemals still.
Lieg ich wach im Bett und lese,
nagt es Löcher in den Käse.

Plötzlich, meine Uhr schlägt vier,
klimpert es auf dem Klavier.
Endlich wird es mir zu dumm.
Ich stehe auf und schau mich um.
Erst kramt es dort, dann raschelt's hier
mit einem Butterbrotpapier.
Hinter einem Schwarzbrotwecken
will es sich vor mir verstecken.
Und – da sehe ich es sitzen –
klein und grau mit Schnurrbartspitzen.
Das Gespenst in meinem Haus
ist natürlich eine …!

Christine Rettl

Übung 6

Lass deine Augen wie bei einem Slalom über den Text gleiten!

Überfliegendes Lesen wird oft auch Slalomlesen genannt, weil man den Blick wie bei einem Slalom über den Text gleiten lässt. Es ist in erster Linie dazu da, damit du dich orientieren und dir einen ersten groben Überblick über einen Text verschaffen kannst.

Nützliche Fragen zur Orientierung lauten:

- Um welche Art von Text handelt es sich?
  Ist es z. B. eine Gebrauchsanweisung, ein Zeitungsartikel, ein Küchenrezept?
- Worum geht es im Text?
  Was ist die Kernaussage des Textes?
- Was sagen dir die Überschriften?
- Was wird durch die Illustrationen ausgedrückt?
  Dienen die Bilder der Unterhaltung oder der Verdeutlichung des Inhaltes?

Zu lernen einen Text zu überfliegen, bedarf der Übung. Besonders eignen sich dazu Artikel aus Zeitungen.

Lies zuerst alle hervorgehobenen Überschriften und Wörter und betrachte die Bilder. Lass deinen Blick über den Text schweifen.

Überfliege nun den folgenden Text und beantworte dann die Fragen.

Partygetränke

Beerenbowle* (sprich: „Beerenboule“)

Zutaten:

1 Packung tiefgekühlte Beerenfrüchte, du kannst auch frische Beeren nehmen, 1 Flasche roter Johannisbeersaft, 1 Flasche Mineralwasser

Zubereitung:

Alles vermischen und in einen großen Topf geben. Das Getränk ist mit den gefrorenen Beeren, vor allem im Sommer, sehr erfrischend.

---

* *Bowle = ein kaltes Getränk, dem Säfte und Früchte beigefügt sind*

Pfirsichbowle

Zutaten:

1 große Dose Pfirsiche, 1/2 Tasse Himbeersirup,
1-2 Flaschen gut gekühltes Mineralwasser

Zubereitung:

Die Pfirsiche in Würfel schneiden und mit dem Sirup und dem Mineralwasser in einen großen Topf geben.

1. Beantworte nun die Fragen:

a) Um welche Art von Text handelt es sich?

____

b) Wovon handelt der Text?

____

c) Welchen ersten Eindruck hast du bekommen?
Wird die Zubereitung kompliziert sein?

____

Überfliegendes Lesen ist auch wichtig, wenn du Informationen zu einem Thema im Internet suchst und dazu mehrere Seiten durchschaust.

2. Lies den Text nun noch einmal genau durch.
Welche Zutaten brauchst du für die Beerenbowle und welche für die Pfirsichbowle? Schreibe die richtigen Abkürzungen zu den Zutaten. BB steht für Beerenbowle und PB für Pfirsichbowle.

a) 1-2 Flaschen gut gekühltes Mineralwasser ________

b) 1 Flasche Mineralwasser ________

c) 1 Packung tiefgekühlte Beerenfrüchte, du kannst auch frische Beeren nehmen ________

d) 1/2 Tasse Himbeersirup ________

e) 1 Flasche roter Johannisbeersaft ________

f) 1 große Dose Pfirsiche ________

Übung 7

Das Scanning benötigst du ganz besonders, wenn du im Internet nach bestimmten Informationen zu einem Thema suchst.

Beim Scanning* überfliegst du den Text und suchst ihn nach bestimmten inhaltlichen Informationen ab. Dein Ziel ist es zum Beispiel, die Antwort auf eine bestimmte Frage im Text zu finden. Alles Übrige nehmen deine Augen zwar noch wahr, doch da es für dich in der Situation unwichtig ist, konzentrierst du dich darauf nicht und merkst es dir auch nicht.

1. Überfliege den folgenden Text und suche die Antwort auf die Frage: Gibt es Spinnen, die für die Menschen gefährlich sind? Markiere die Antwort mit einem Buntstift.

Spinnen

Spinnen findet man an den verschiedensten Orten. Manche leben in Haus und Garten, andere auf Bergen oder in Wüsten. Die meisten der über 30 000 Spinnenarten sind für den Menschen nützlich. Sie vertilgen eine Unmenge Fliegen und andere Schädlinge. Alle Spinnen haben 8 Beine und können Fäden oder Netze spinnen. Alle Spinnen haben auch spitze Kieferklauen, die Gift absondern. Damit werden Beutetiere gelähmt oder getötet. Nur ganz wenige Spinnen können dem Menschen gefährlich werden.

Spinnenarten, die gefährlich sind:

Die Katipo

Sie kommt nur in Australien und Neuseeland vor.

* *Scanning = absuchen, überfliegen, bestimmte Informationen erfassen*

Die schwarze Witwe

Sie lebt in Amerika. Sie besitzt ein Nervengift, das auch für den Menschen sehr gefährlich sein kann.

Die Trichterspinne

Sie lebt im Südosten Australiens.

Janet Cook
übersetzt von Maria Rosken

Alle Übungen, die deine Leseleistung trainieren, wirken sich auch positiv auf deine Gedächtnis- und Lernleistungen aus.

2. Was wisst ihr über Spinnen?
   Sammelt zuerst all euer Wissen in der Klasse und seht dann im Internet nach.

Suchmaschine: www.fragfinn.de
Suchbegriff: Spinnen

Übung 1

Jan + Leo
Verflixte Bälle

Stelle dir auch die Namen im Text bildlich vor. So merkst du sie dir besser.
Bei Herrn Steinbeißer stellst du dir z. B. eine Person vor, die in einen Stein beißt.

Leo hat einen neuen Fußball. „Damit kann ich Weltmeister werden“, ruft er begeistert. Sein Freund Jan zeigt ihm sofort seinen „Weltmeistersuperhochschuss“. Und tatsächlich! Wie gut Jan schießen kann! Sehr hoch – und ein bisschen zu weit!

Der Ball fliegt bis in die Blumen des Nachbarn. Das ist Herr Hackschnabel und dem gefällt das gar nicht. Sofort nimmt er den Ball an sich. „Den Ball können eure Eltern bei mir abholen“, schimpft er. „Und den Schaden können sie dann auch gleich bezahlen.“ Leo könnte heulen. Sein neuer Ball ist weg. Und an seine Eltern will er gar nicht denken. Jan hat zum Glück noch einen Handball. Damit spielen die beiden weiter. Denn mit einem Handball kann ja nichts passieren. Aber es passiert doch etwas. Der Ball landet schon wieder bei Herrn Hackschnabel. Aber dieses Mal hinter den Blumen. Glück gehabt. Als Jan und Leo den Ball holen, sehen sie, dass Herr Hackschnabel hinter den Blumen saß, bei einem Tässchen Kaffee. Jetzt sitzt er leider nicht mehr. Und der Kaffee ist auch nicht mehr in der Tasse, sondern auf seinem weißen Hemd gelandet. O je! Nun ist auch noch der Handball futsch. „Was machen wir jetzt?“, fragt Leo.

Nutze deine guten Lernzeiten, um auch wirklich Dinge zu erledigen, die deine volle Konzentration erfordern!

„Wir sehen im Keller nach, vielleicht finden wir dort etwas zum Spielen“, sagt Jan. Sie finden eine alte Bowlingkugel. Das ist absolut ungefährlich. Jetzt spielen die beiden nicht Fußball, nicht Handball, sondern Rollball. Sie rollen die Bowlingkugel in ein kleines Tor. „Das zeigen wir Hackschnabel“, ruft Jan, „dann sieht er, dass wir ihn nicht absichtlich ärgern.“ „Hallo, Herr Hackschnabel“, rufen die beiden begeistert. „Gucken Sie mal, was wir hier haben!“ Doch Herr Hackschnabel guckt gar nicht begeistert. Und mit einem Satz ist er vor seinem Haus. „Ich will keinen Ball mehr sehen“, schimpft er. Er will den Ball wegschießen. „Halt!“, ruft Leo noch. Aber es ist zu spät. Die Bowlingkugel hat sich nicht vom Platz gerührt. Nur der Fuß von Herrn Hackschnabel tut jetzt ganz schön weh. Doch plötzlich fängt Herr Hackschnabel an zu lachen. „Das war ziemlich dumm von mir, erzählt das bloß nicht weiter“, sagt er und humpelt davon. Jan und Leo sehen sich erstaunt an. Und dann wirft Herr Hackschnabel die Bälle über den Zaun. „Aber heute bitte keine Ballspiele mehr, okay?“ – „Okay!“, rufen die beiden Freunde. Erwachsene sind schon manchmal komisch, denken sie, aber oft viel netter, als man glaubt.

Ulrich Larsen-Adam

Indem du Bilder zu einem Textinhalt zeichnest, prägt sich das Gelesene besonders gut ein.

Sind die Sätze richtig ☑ oder falsch ☒?

a) Leo hat einen neuen Fußball. ☐
b) Jan hat einen neuen Fußball. ☐
c) Der Ball fliegt zu weit. ☐
d) Der Ball fliegt bis in die Blumen des Nachbarn. ☐
e) Der Nachbar heißt Hackschnubel. ☐
f) Der Nachbar behält den Ball. ☐
g) Jan hat zum Glück noch einen Gummiball. ☐
h) Sie finden eine alte Bowlingkugel im Keller. ☐
i) Sie finden einen alten Tischtennisball im Keller. ☐
j) Herr Hackschnabel wirft die Bälle über das Dach. ☐

Übung 2

Auf Besuch im All – Ein Ratekrimi

Herr Kümmerli war ein furchtbarer Angeber. Niemand redete gerne mit ihm, denn immer wieder erzählte er die erstaunlichsten Geschichten. Und in jeder dieser Geschichten erlebte er etwas ganz Außergewöhnliches. Aber leider stimmte nichts davon …

„Wir müssen die Kümmerlis aber auch einladen!“, meinte Frau Wallner. Ihr Mann widersprach: „Kommt ja gar nicht in Frage! Diesen Aufschneider brauche ich nicht bei unserer Feier!“

Ratekrimis sind interessant und fördern die Aufmerksamkeit und die Konzentration beim Lesen.

Doch seine Frau setzte sich durch: „Wir haben alle aus dem Haus eingeladen. Und die Kümmerlis wohnen direkt neben uns. Wie schaut das denn aus, wenn wir nur sie nicht einladen?“ Also gab Herr Wallner nach, obwohl er ganz und gar nicht begeistert war.

Am Abend ging es bei den Wallners lustig zu. Alle Nachbarn, abgesehen von den Kümmerlis, waren gekommen und hatten einander natürlich viel zu erzählen. Inspektor Schnüffel berichtete von einem sehr interessanten Fall. Da läutete es wieder an der Tür. Herr Wallner öffnete und bat mit etwas saurer Miene das Ehepaar Kümmerli herein. Sofort ergriff Herr Kümmerli das Wort: „Danke für die Einladung! Eigentlich habe ich ja überhaupt keine Zeit für solche Feiern, da ich mich auf meinen nächsten Flug vorbereiten muss.“ Er wartete kurz, doch niemand stellte ihm eine Frage. Also erzählte er fröhlich weiter: „Ich arbeite jetzt als Astronaut. Ich war der Beste bei allen Tests. Einmal war ich sogar schon auf dem Mond. Das war aufregend, kann ich euch sagen. Ich habe da auch einen echten Außerirdischen gesehen. Die sind ganz anders, als man sich das vorstellt. Moment, ich glaube, ich habe sogar ein Foto

dabei.“ Er kramte in einer seiner Anzugtaschen und fischte ein Foto heraus. Stolz zeigte er es seinen Nachbarn. „Seht nur, wie meine Haare im Wind flattern“, fügte er hinzu. Inspektor Schnüffel fing laut zu lachen an: „Wo hast du denn das Foto machen lassen? Auf dem Mond jedenfalls sicher nicht!“ Auch die anderen konnten sich das Lachen nicht verkneifen und Herr Kümmerli verließ beleidigt die Feier.

Karin Ammerer

1. Weißt du auch, warum Herr Kümmerli unmöglich auf dem Mond gewesen sein kann?

___

___

2. Beantworte nun die Fragen zum Text:

a) Warum will Herr Wallner die Kümmerlis nicht einladen?

___

b) Wer berichtet auf der Feier von einem sehr interessanten Fall?

___

c) Kommen die Kümmerlis auf die Party?

___

d) Als was behauptet Herr Kümmerli zu arbeiten?

___

e) Und wo behauptet er sogar einmal gewesen zu sein?

___

f) Woraus fischt er das Foto?

___

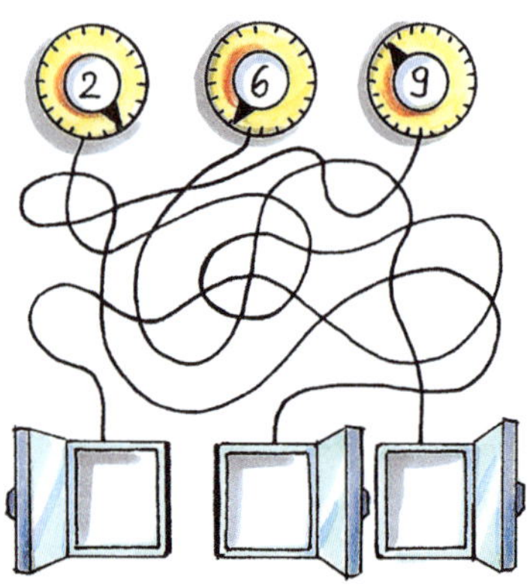

3. Inspektor Schnüffel muss den Code eines Safes knacken. Hilf ihm dabei. Folge den Linien nur mit den Augen und bring die Zahlen in die richtige Reihenfolge.

Übung 3

Vergiss nicht, dir das Gedicht mit allen Sinnen vorzustellen!

Vor dem Lesen:

A. Wozu dient dieser Text?

a) der Information ▢ b) der Unterhaltung ▢

B. Welche Lesestrategie wirst du hier anwenden?

a) Text überfliegen ▢ b) Text genau lesen ▢

C. Was fällt dir beim Text auf?

D. Was stellst du dir unter dem Titel vor?

Mein Glück

Draußen kreischt
die Straßenbahn.
Drüben grölt
ein Blödian.
Über mir
tobt ein Klavier,
nebenan
ein Hundetier.

Unten dröhnt das Radio
und das Wasser
rauscht im Klo.
In der Küche
pfeift der Topf,
und ein Hammer
übt klopf-klopf.

Doch mir macht das
gar nichts aus,
denn ich bin ja nicht zu Haus!

Max Kruse

Lies das Gedicht betont vor! Durch die Betonung prägt es sich besser ein und du kannst dich leichter daran erinnern.

1. Warum heißt das Gedicht „Mein Glück“?
2. Stell dir vor, du hörst all diese lauten Geräusche,

   alle erzeugen L______________________.
3. Unterstreiche alle Zeitwörter (Tunwörter) im Gedicht.
   Welches Wort passt noch?

a) Die Straßenbahn kreischt.
   quietscht ▢ singt ▢ rattert ▢
b) Ein Blödian grölt.
   lärmt ▢ schreit ▢ isst ▢
c) Ein Hundetier bellt.
   weint ▢ kläfft ▢ hustet ▢
d) Das Radio spielt.
   plärrt ▢ dröhnt ▢ musiziert ▢

e) Das Wasser im Klo sprudelt.
   gluckst ▢ kocht ▢ gurgelt ▢
f) Ein Hammer klopft.
   pocht ▢ hämmert ▢ sägt ▢

4. Das Gedicht heißt „Mein Glück“ und zu Silvester verschenkt man Glücksbringer. Hier ist allerdings ein falsches Bild dabei. Welches Bild zeigt keinen Glücksbringer?

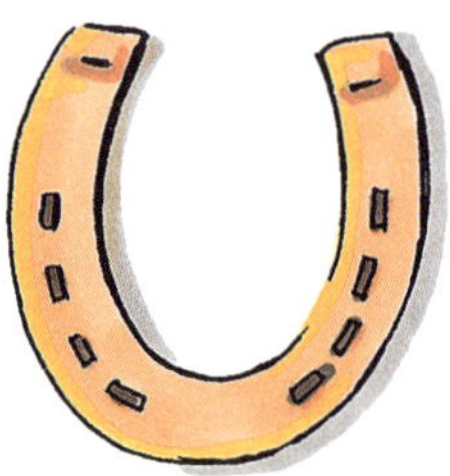

Übung 4

Tom Turbo – Der Wolf mit dem Goldzahn

Der weiße Graf

Wie ein gelber Blitz raste Tom Turbo durch den Wald. Karo trat fest in die Pedale. Auf dem hinteren Sitz saß ihr Bruder Klaro und klammerte sich fest. „Karo, du lahme Ente, fahr schneller!“, trieb Klaro seine Schwester an. Es war bereits stockfinstere Nacht. Karo und Klaro hatten im Wald Eulen beobachtet. Dabei war es spät geworden. Sehr spät. Sie wollten nun schnell nach Hause. In der Finsternis war der Wald nämlich ziemlich gruselig. Überall knackte und raschelte es. Das Käuzchen ließ sein schauriges „Kiwitt“ erschallen und zwischen den Bäumen tanzten seltsame Schatten. „Alarm, Boss 1 und Boss 2!“, schrie Tom Turbo plötzlich und schaltete alle seine Bremsen gleichzeitig ein. Es quietschte und knirschte, und das gelb gestreifte Fahrrad bäumte sich auf wie ein Pferd. „He, was soll das?“, riefen Karo und Klaro. Tom Turbo fuchtelte mit seiner langen Antenne und zeigte nach vorn. „He, Boss 1, öffnen Sie die Gucklöcher und sehen Sie dort“, flüsterte er.

Karo und Klaro erschraken so sehr, dass sie fast vom Rad fielen. Mitten auf dem Weg stand eine unheimliche Gestalt. Über den Kopf hatte sie eine weiße Kapuze gestülpt. Um ihre Schultern hing ein langer weißer Umhang. In der Hand hielt die Gestalt einen weißen Bogen und weiße Pfeile.

Tom Turbos Videokamera filmte alles und fütterte den Computer mit den Bildern. Bereits eine Sekunde später konnte das Superfahrrad sagen, wer ihnen den Weg versperrte. Leise surrte es: „Boss 1 und Boss 2, Sie werden aus den Socken kippen. Vor Ihnen steht der weiße Graf. Er ist vor 333 Jahren gestorben. Es handelt sich also um einen Geist.“

Macht regelmäßige Bücher-Tauschbörsen. Nehmt dazu Bücher, die ihr schon gelesen habt, mit und tauscht sie untereinander aus.

Der Erdbeereis-Trick

Klaro zog sich seine Kapuze über Augen und Ohren und versuchte, sich hinter seiner Schwester Karo zu verstecken. „Feige Nuss!“, zischte das Mädchen und klammerte sich an Tom Turbos Lenkstange fest. „Boss 2, haben Sie einen Wackelkontakt?“, erkundigte sich das Fahrrad. „N… nein!“, stotterte das Mädchen. „Du zitterst doch auch“, zischte Klaro. Nicht nur ihm war das geisterhafte Wesen unheimlich. Bisher war der weiße Graf stocksteif dagestanden. Nun aber zog er etwas unter seinem Umhang hervor und schwang es drohend über dem Kopf. Dazu keuchte er mit heiserer Stimme: „Verschwindet! Verschwindet mit eurem Drahtesel!“ „Tom Turbo, dreh um! Fahr weg! Schnell!“, riefen Karo und Klaro. Aber Tom dachte gar nicht daran. Niemand durfte es wagen, ihn einen Drahtesel zu nennen. Seine Lämpchen blitzten und flackerten wütend.
Toms Computer hatte längst erkannt, was der weiße Graf in der Hand hielt. „Es ist nur eine Schaufel!“, erklärte das Superfahrrad seinen Freunden. „Jetzt mache ich Matsch aus euch!“, drohte der weiße Graf und rannte auf die drei zu. „Fahr endlich los!“, flehten die Geschwister. Karo riss an der Lenkstange, doch ihr Freund bewegte sich nicht vom Fleck. Der weiße Graf kam näher und näher. Er war kaum noch zehn Schritte entfernt. Tom Turbo rührte sich trotzdem nicht.
Nur noch fünf Schritte.
Noch vier.
Noch drei.
Schon streckte der Graf den weißen Arm nach Karo aus.
Sie schnappte nach Luft. „Du wirst nie wieder Drahtesel zu mir sagen!“, knurrte das Fahrrad.
Es klickte leise. Tom ließ einen dünnen Schlauch aus der Eismaschine neben dem Hinterrad ausfahren und spritzte blitzschnell eine große Portion Erdbeereis auf den Waldboden.
Der weiße Graf tappte genau hinein. Wusch! Er rutschte aus und landete unsanft auf dem Hinterteil. Sein weißer Umhang

Die ganze Geschichte sowie viele weitere spannende Abenteuer mit Tom Turbo gibt es im Buchhandel oder in einer Bücherei.

war nun voller roter Flecken. Leise fluchend rappelte sich das Gespenst auf und verschwand humpelnd in den Büschen. Tom Turbo war zufrieden. „Boss 1 und Boss 2, ich finde, ich war turbotoll“, lobte er sich. Karo und Klaro nickten. Sie waren noch ganz starr vor Schreck. „Fahren wir weiter“, schlug das Superfahrrad vor. Jauuuuullll! Ein schauriges Heulen ertönte plötzlich zwischen den Bäumen. Die Geschwister erschauderten und bekamen die schlimmste Gänsehaut, die sie je gehabt hatten. Was war das?

1. Wer hat ein Tom-Turbo-Buch zu Hause? Nehmt es zum Anschauen und Ausborgen mit. Natürlich müsst ihr das Buch zuverlässig und in gutem Zustand wieder zurückgeben, klar – oder?

Wenn du ein Buch kaufen willst, dann solltest du auf jeden Fall den Text auf der Umschlag-Rückseite lesen, damit du feststellen kannst, ob dir das Buch gefallen wird.

Blättere es dann kurz durch, lies das Inhaltsverzeichnis, wenn es eines gibt, und lies dann eine Seite aus dem Buch. Entscheide erst dann, ob du das Buch lesen willst.

Übung 5

Tier-Leserätsel

Welches Tier ist gemeint?

1. Sie sind sehr klein und es gibt unzählige von ihnen. Sie leben im Wald. Dort bauen sie große Haufen. Die kleinen Tiere können Dinge schleppen, die viel größer und schwerer als sie selbst sind.

___

2. Es hat einen buschigen Schwanz und lebt auf Bäumen. Im Herbst vergräbt es seine Vorräte für den Winter. Es frisst gerne Nüsse und Zapfen.

___

3. Manchmal sieht man es am Waldrand oder auf einer Wiese stehen, aber normalerweise lebt es im Wald. Es ist sehr scheu. Das Junge heißt Kitz und man darf es nicht anfassen. Der Geruch vom Menschen würde die Mutter nämlich vertreiben.

___

4. Es ist häufig weiß. Es kann aber auch grau, grau gescheckt, braun oder blaugrau sein. Der Schnabel und die Füße sind orange. Es hat einen Watschelgang.

___

5. Nun seid ihr an der Reihe. Legt eine Kategorie fest, wie z. B. Tiere, Blumen usw., und dann erstellt jeder von euch ein Rätsel zur festgelegten Kategorie. Die anderen müssen es erraten. Viel Spaß dabei!

Rätsel fördern das logische Denken und die Ausdrucksfähigkeit. Erstellt selbst solche Rätsel!

Übung 6

Redensarten

Unter Redensarten verstehen wir feststehende Wendungen, die nicht wörtlich gemeint sind. Sie machen die Sprache lebendig und anschaulich, aber nur, wenn man versteht, was mit ihnen gesagt werden soll.

Was bedeuten die folgenden Redensarten?
Kreuze die richtige Antwort an.

1. gesagt – getan

a) etwas sagen und sofort handeln ☐
b) eine Pause machen ☐
c) etwas erzählen, was man getan hat ☐

2. jemandem einen Bären aufbinden

a) jemandem beim Verkleiden helfen ☐
b) jemanden anschwindeln ☐
c) jemandem ein Bärengewand umbinden ☐

3. die Ohren spitzen

a) besonders gut zuhören ☐
b) spitze Ohren haben ☐
c) die Ohren spitz ziehen ☐

4. in die Luft gehen

a) mit dem Flugzeug abheben ☐
b) nach Luft schnappen ☐
c) sich sehr ärgern ☐

5. auf der Leitung stehen

a) auf einem Kabel stehen ☐
b) etwas nicht begreifen ☐
c) etwas sehr schnell auffassen ☐

6. ein Licht aufgehen

a) etwas durchschauen ▢
b) Sonnenaufgang ▢
c) das Licht einschalten ▢

7. jemanden an der Nase herumführen

a) jemanden mit Absicht in die Irre führen ▢
b) jemanden bei der Nase nehmen ▢
c) der Name eines Spiels ▢

8. ins Fettnäpfchen treten

a) in eine Schüssel mit Fett treten ▢
b) sich durch eine unbedachte Äußerung in eine peinliche Situation bringen ▢
c) sich unbeholfen anstellen ▢

9. jemandem die Suppe versalzen

a) jemandem etwas verderben ▢
b) verliebt sein ▢
c) zu viel Salz in die Suppe geben ▢

Die Bedeutung von Redensarten findest du meistens auch im Wörterbuch. Du musst dabei unter dem Namenwort nachschlagen. Bei „jemandem die Suppe versalzen" siehst du also unter „Suppe" nach.

10. Erkläre die folgenden Redensarten nun in eigenen Worten. Wenn du nicht weiterweißt, dann schlage im Wörterbuch nach.

a) vor Wut kochen

____

b) sich den Kopf zerbrechen

____

c) einen Dachschaden haben

____

d) jemandem ein Loch in den Bauch fragen

____

Übung 7

Weißt du eigentlich, wann du am besten lernen kannst?

Nutze deine guten Lernzeiten!

Kannst du den Betrüger entlarven?

Das Testament

Walter Schmidt war vor einigen Tagen im Alter von 90 Jahren verstorben. Seine Nichte, Cordula Griener, meldete sich in der Detektei Lenz & Schnüffel, da Herr Schmidt einige Millionen Euro hinterlassen hatte und sie sich sicher war, um ihr Erbe betrogen worden zu sein.

„Ich verstehe das nicht!“, schluchzte sie. „Ich habe meinen guten Onkel bis zu seinem Tod gepflegt. Er wollte mir sein ganzes Geld vermachen. Ich habe sogar gesehen, wie er das in sein Testament geschrieben hat. Und jetzt ist alles anders!“

„Was ist anders?“, fragte Kommissar Lenz nach. Frau Griener holte einen Bogen Papier aus ihrer Handtasche – das Testament. „Hier sehen Sie!“, forderte sie die beiden Detektive auf. „Mein Onkel hat anscheinend noch kurz vor seinem Tode das Testament geändert. Ein entfernter Verwandter, Thorsten Vingner, wurde als Alleinerbe eingesetzt. Aber lesen Sie selbst …“
Schnüffel nahm das Testament und las laut vor:
Ich, Walter Schmitt, bestimme im Vollbesitz meiner geistigen und körperlichen Kräfte meinen Großcousin 3. Grades, Herrn Thorsten Vingner, zu meinem Alleinerben.

Meiner lieben Nichte, Cordula Griener, möchte ich von ganzem Herzen für ihre Pflege und Fürsorge danken. Ich weiß, dass kein Geld der Welt ausreichen würde, um ihr zu zeigen, wie wichtig sie in meinem Leben war. Deshalb vermache ich ihr meine Briefmarkensammlung, die die große Liebe meines Lebens war.

Dies ist mein Wille.
Mit letzten Grüßen

Walter Schmitt

Kommissar Lenz warf einen Blick auf das Testament und ließ sich einen Ausweis des Verstorbenen zeigen. „Walter Schmidt. Die Unterschrift auf dem Testament scheint echt zu sein!“, murmelte er. „Oder gut gefälscht!“

Sofort unterbrach ihn Frau Griener: „Natürlich ist das Testament gefälscht! Niemals hätte mein Onkel einem Wildfremden sein ganzes Geld überlassen. Er kannte diesen Vingner doch gar nicht. Und auch ich habe vorher noch nie von ihm gehört. Beim Begräbnis tauchte er plötzlich auf und behauptete, mit uns verwandt zu sein. Und dann zeigte er mir das Testament. Ich bin mir sicher, dass mein Onkel mir von diesem Thorsten Vingner erzählt hätte! Mein Onkel hat ihn sicher nicht gekannt, diesen Betrüger.“

„Wirklich sehr merkwürdig!“, stimmte Inspektor Schnüffel zu. „Aber Sie haben ganz recht! Das Testament ist eindeutig eine Fälschung!“ Auch der Kommissar war dieser Meinung: „Und nicht einmal eine gute!“ Verunsichert schaute Frau Griener von einem zum anderen …

Karin Ammerer

Wiederhole Lernstoff vor dem Schlafen. Da prägt er sich besonders gut ein.

1. Thorsten Vingner ist also tatsächlich ein Betrüger. Aber er hat einen schweren Fehler begangen. Ist dir aufgefallen, was die Fälschung verraten hat? Schau genau!
2. Beantworte nun die Fragen zum Text:

a) Wer ist gestorben? ______________________________

b) Wie alt wurde der Verstorbene? ______________________________

c) Wie heißt die Nichte des Verstorbenen? ______________________________

d) Wer behauptet Thorsten Vingner zu sein? ______________________________

e) Was vermacht der Verstorbene seiner Nichte in dem gefälschten Testament? ______________________________

f) Wer löst den Fall? ______________________________

Übung 8

Der Mond

Wenn du nachts in den Himmel schaust, dann kannst du den Mond sehen. Der Mond ist der ständige Begleiter der Erde. Am Nachthimmel wirkt er so groß wie die Sonne. Aber das täuscht nur: In Wirklichkeit ist der Mond nämlich vierhundertmal kleiner als sie! Aber warum wirkt er dann so groß?

Das ist so, weil die Sonne viel weiter von der Erde entfernt ist und deshalb viel kleiner auf uns wirkt, als sie in Wirklichkeit ist. Beobachtest du den Nachthimmel, dann bemerkst du, dass der Mond nicht immer gleich aussieht. Er ändert ständig seine Gestalt. Manchmal kannst du ihn gar nicht sehen (Neumond), manchmal sieht er aus wie eine Sichel und manchmal siehst du ihn als große, runde Scheibe.

Aber warum verändert der Mond seine Form?

Das tut er gar nicht. Er ist eine Kugel wie die Erde. Aber wenn er die Erde umkreist, sieht man immer nur den Teil, der von der Sonne angestrahlt wird. Der übrige Teil wird vom Schatten der Erde verdunkelt. Der Mond nimmt also gar nicht ab und zu. Er behält immer die gleiche Größe. Sein Aussehen verändert sich nur durch die unterschiedliche Sonneneinstrahlung. Bei Vollmond scheint die Sonne direkt auf den Mond, der dann vollkommen rund aussieht. Wandert der Mond weiter um die Erde, wird er nur noch von der Seite beschienen und sieht – je nach Position zur Sonne – wie eine breitere oder eine schmalere Sichel aus. Wenn gar kein Sonnenlicht mehr auf ihn fällt, ist er von der Erde aus nicht zu sehen. Dann ist Neumond.

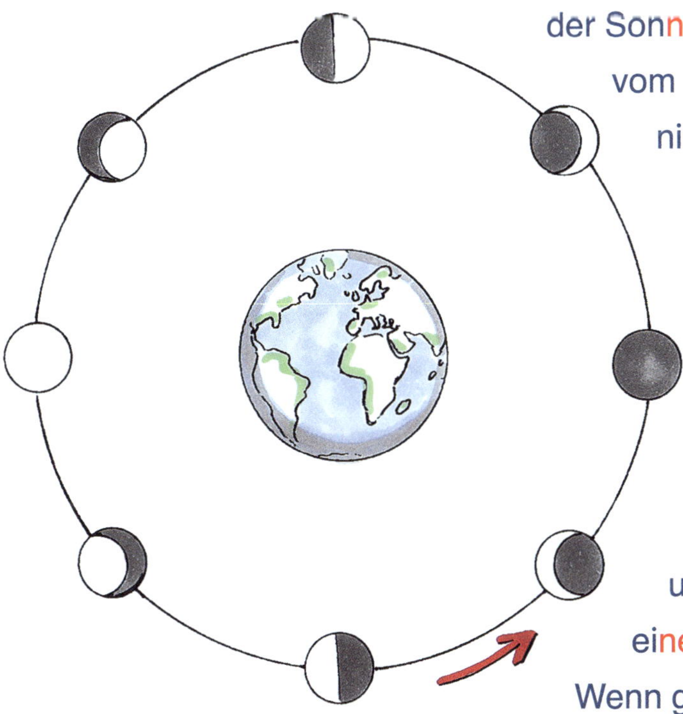

Wie sieht die Rückseite des Mondes aus?

Der Mond umkreist die Erde in 29,5 Tagen. In der gleichen Zeit dreht er sich einmal um sich selbst. Das führt dazu, dass wir immer die gleiche Seite sehen.

Die Oberfläche des Mondes

Wenn du den Mond genau betrachtest, das kannst du mit einem guten Fernrohr machen, dann siehst du eine ganze Reihe dunkler Flecken. Das sind die einzelnen Täler und Gebirge auf dem Mond. Die Flecken sind Krater, die vor vielen Milliarden Jahren entstanden, als unzählige Meteoriten (= Gesteinsbrocken) auf den Mond stürzten.

Erstaunlich! Geringe Schwerkraft auf dem Mond!

Auf dem Mond kann man höher springen als auf der Erde. Die Anziehungskraft des Mondes ist nämlich viel schwächer als die der Erde. Dort hättest du nur ein Sechstel deines Gewichtes. Wiegst du auf der Erde 30 Kilogramm, dann würdest du auf dem Mond nur 5 Kilogramm wiegen.

Wer betrat zuerst den Mond?

Der amerikanische Astronaut Neil Armstrong betrat 1969 als erster Mensch den Mond.

Beantworte nun die Fragen zum Text.

a) Welches sind die vier Mondphasen?
b) Wodurch verändert der Mond sein Aussehen?
c) Wie lange braucht der Mond, bis er einmal die Erde umkreist hat?
d) Warum sehen wir von der Erde aus immer die gleiche Seite des Mondes?
e) Wodurch entstanden die vielen Krater auf dem Mond?
f) Wer betrat als erster Mensch den Mond?
g) Was ist mit der Anziehungskraft auf dem Mond?

Übung 1

Vor dem Lesen:

A. Wozu dient dieser Text?

a) der Information ▢ b) der Unterhaltung ▢

B. Welche Lesestrategie wirst du anwenden?

a) Text überfliegen ▢ b) Text genau lesen ▢

Fasse das Gelesene in eigenen Worten zusammen. Dadurch merkst du dir den Textinhalt viel besser.

Lieblingspfannkuchen der kleinen Waldgeister

Zutaten für 4 Personen:
250 g Mehl, 3 Eier, Salz, 2 EL Zucker, 1/2 l Milch, 250 g frische oder tiefgefrorene Heidelbeeren, 50 g Butter, 50 g Puderzucker

Zubereitung:
Mehl in eine Teigschüssel sieben. Das Eigelb vom Eiweiß trennen. In eine Mehlmulde Eigelb, Salz und Zucker geben und mit wenig Mehl verrühren. Langsam die Milch zugießen und mit dem Schneebesen zu einem glatten Teig schlagen. Teig eine halbe Stunde stehen lassen. Eiweiß steif schlagen und vorsichtig in den Teig einrühren. Frische Heidelbeeren unter kaltem Wasser kurz waschen. In einer Pfanne wenig Butter bei mittlerer Hitze schmelzen. Jeweils so viel Teig in die Pfanne gießen, dass nach Neigen der Pfanne die Bodenfläche gleichmäßig bedeckt ist. Sofort 1–2 Esslöffel Heidelbeeren so auf den Teig verteilen, dass sie einsinken. Langsam backen, bis der Teig fest wird. Dann die Pfannkuchen wenden und goldbraun backen. Die Pfannkuchen auf den vorgewärmten Teller gleiten lassen und mit Puderzucker bestäuben.

Lies das Rezept ruhig mehrmals durch, um die Sätze richtig zu ordnen.

1. Hast du dir die Zutaten gemerkt?

M____; E____; S____; Z________; M______;

H__________________; B________; P__________________.

2. Beantworte folgende Fragen:

a) Was bedeutet Eiweiß steif schlagen?
b) Was bedeutet mit Puderzucker bestäuben?
c) Woraus besteht der Teig?
d) Wie wird der Teig fest?
e) Wie viel Teig kommt in die Pfanne?
f) Was kommt auf die fertigen Pfannkuchen?

3. Ordne die Sätze der Reihe nach.

a) Langsam backen, bis der Teig fest wird.
b) Mehl in eine Teigschüssel sieben.
c) Langsam die Milch zugießen und mit dem Schneebesen zu einem glatten Teig schlagen.
d) In eine Mehlmulde Eigelb, Salz und Zucker geben und mit wenig Milch verrühren.
e) Teig eine halbe Stunde stehen lassen.
f) Dann Pfannkuchen wenden und goldbraun backen.
g) In einer Pfanne wenig Butter bei mittlerer Hitze schmelzen.
h) Pfannkuchen auf den vorgewärmten Teller gleiten lassen und mit Puderzucker bestäuben.
i) Eiweiß steif schlagen und vorsichtig in den Teig einrühren.
j) Frische Heidelbeeren unter kaltem Wasser kurz waschen.
k) Heidelbeeren so auf dem Teig verteilen, dass sie einsinken.

1.	2.	3.	4.	5.	6.	7.	8.	9.	10.	11.

4. Kannst du ausrechnen, wie viel diese Mahlzeit kostet?
Schätze zuerst.

Mehl:	€ 0,50
3 Eier:	€ 1,20
1/2 l Milch:	€ 0,50
Zucker:	€ 0,20
50 g Butter:	€ 0,50
Tiefkühlbeeren:	€ 2,50

Gesamt: ______

5. Suche die Wörter (Zutaten für Pfannkuchen).
Einige Wörter sind doppelt versteckt.

H	E	I	D	E	L	B	E	E	R	E	N	B
M	S	A	L	Z	A	B	M	E	I	E	R	U
E	I	E	R	B	U	T	T	E	R	L	C	T
H	D	L	B	U	T	T	E	R	H	E	F	T
L	Z	U	C	K	E	R	G	E	H	L	J	E
S	A	L	Z	H	M	I	L	C	H	C	H	R

Macht eine Rezepte-Tauschbörse und tauscht eure Lieblingsrezepte aus!

6. Schnellleseübung
Lies die kleinen Wörter, so schnell du kannst.

wer	habe	kann	dies	und
wird	ihre	gut	bitte	doch
auch	bitte	eure	darf	warm
wenn	denn	war	schon	beide
dass	alle	macht	unter	klein

Übung 2

Lustige Figuren

Beim nächsten Mal, wenn du ein Zimmer für deinen Geburtstag schmückst, setze doch ein paar reisgefüllte Figuren zwischen die Ballons. Man braucht sie nur anzustoßen, und sie wackeln schön albern herum!

Das brauchst du:

- 2 Luftballons
- eine kleine Schüssel Reis
- Bastelkarton
- Wollreste
- Kleber, Schere
- einen schwarzen Filzstift

Fülle so viel Reis in die Luftballons, dass die runden Blasen ganz voll sind.

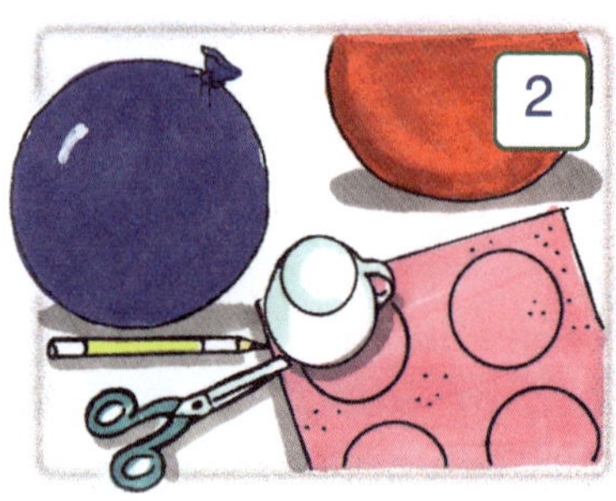

Luftballons aufblasen und verknoten. Mithilfe einer Tasse für jeden Ballon 2 Kreise auf Bastelkarton malen und ausschneiden.

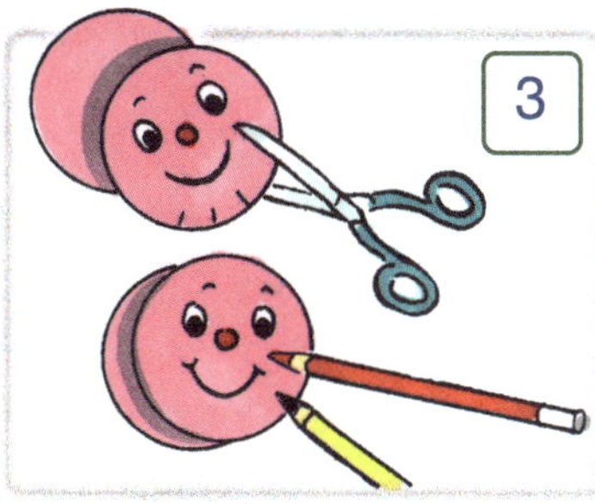

Auf 2 Pappkreise malst du Gesichter. Dann schneidest du jeden Kreis an der Kante unterm Mund ein paar Mal ein.

Kopfhälften bis auf Einschnitte zusammenkleben, über Ballonknoten kleben. Wollhaare befestigen.

Noch was Tolles!

Dieser Vierbeiner entsteht, wenn du einen Luftballon mit Reis füllst und nur leicht aufbläst, sodass vorne eine kleine Schnauze bleibt.

Aus Bastelkarton schneidest du 4 Beine aus und klebst sie fest. Das Gesicht malst du auf.

Übung 3

Vor dem Lesen:

A. Wozu dient dieser Text?

a) der Information ▢ b) der Unterhaltung ▢

B. Welche Lesestrategie wirst du anwenden?

a) Text überfliegen ▢ b) Text genau lesen ▢

Gummibärchen

Wenn du das Rezept ausprobieren willst, benötigst du kleine Bärenförmchen. Du kannst aber auch andere Förmchen verwenden.

Gummibärchen bestehen hauptsächlich aus Gelatine. Erhitzt man Gelatine auf 80 °C, wird sie dünnflüssig, lässt man sie auskühlen, wird sie wieder fest. Wichtig ist es, 80 °C nicht zu überschreiten, sonst wird die Gelatine zerstört.

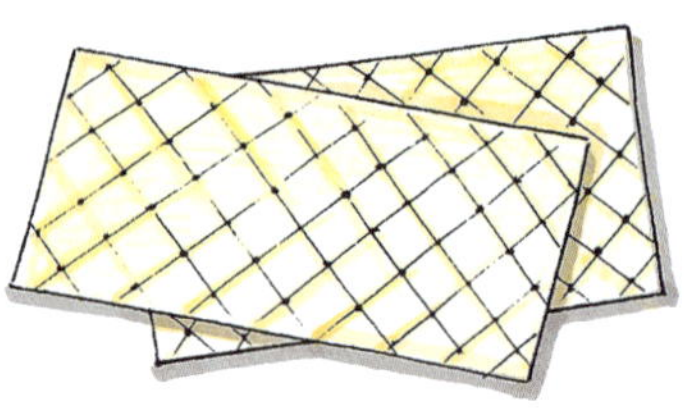

Rezept für Gummibärchen
120 g Gelatineblätter in kaltem Wasser einweichen. Inzwischen 300 ml Fruchtsirup erwärmen (nicht kochen!).
125 ml Wasser, 5 EL Honig, 300 g Zucker und 2 EL Zitronensaft erhitzen. Gelatine aus dem kalten Wasser nehmen, ausdrücken und einrühren. Lösung abkühlen lassen und in den Sirup gießen. Förmchen kalt ausspülen, Flüssigkeit einfüllen. Bärchen im Kühlschrank fest werden lassen.
Oder: Flüssigkeit in eine flache Schale gießen (ca. 2 cm hoch) und im Kühlschrank fest werden lassen. Bärchen-Masse herausstürzen, Bären oder andere Figuren ausstechen.

Gummibären-Cocktail*
3 Blatt Gelatine klein schneiden, mit 3 EL Fruchtsirup in ein Achtelliter-Glas geben. Mit heißem Wasser aus der Leitung aufgießen und kräftig umrühren, bis sich die Gelatine aufgelöst hat. Das Glas in den Kühlschrank stellen und warten, bis die Flüssigkeit fest wird. Viel Spaß!

** Cocktail = Mischung von Getränken*

Übung 4

Wenn du Zeichnungen zu einem Textinhalt anfertigst, merkst du dir den Textinhalt viel besser.

Wie sieht das Christkind aus?

Frau Steinfels sagt zu der Klasse: „Heute malen wir das Christkind.“

„Böööhh, langweilig“, rufen von hinten drei: Leo, Uta und Falk. Sie finden Christkindmalen blöd. Aber vorne sitzen welche, die nehmen sofort ihre Zeichenblöcke und fangen an. Leo hinten hat keine Lust. „Ich male das Christkind als Rockerbraut“, sagt er. Er schielt dabei zu Frau Steinfels. Ob sie was sagt? Aber sie lässt ihn. Er trollt sich zu seinem Zeichenblock und fängt an. Leo malt seinem Christkind lange schwarze Lederhosen, eine schwarze Jacke, einen schweren Motorradhelm und eine gepiercte Lippe. „Oh Mann“, murmelt Frank, als er das sieht. „Und ich mal das Christkind als Punk“, sagt Urs, „richtig mit Hahnenkamm und kahl geschoren an den Seiten.“ Und er malt seinem Christkind einen grünen Hahnenkamm mit roten Spitzen, ein knallbuntes T-Shirt und eine weiße, weite Hose. „Oh Mann“, sagt Frank schon wieder. Jetzt holt er sich selbst Pinsel und Farbe.

„Und ich mal es mit einem Motorrad“, lacht Götz, „mit einer echten Harley-Davidson*, denn Weihnachten muss ja alles schnell gehen.“ „Bei mir kriegt das Christkind einen super-schnellen Porsche mit Gepäckwagen dahinter“, ruft Falk. „Porsche mit Gepäckwagen, dass ich nicht lache“, sagt Uta. „’ne Harley-Davidson ist jedenfalls schneller“, meint Götz. „Ein Christkind muss doch fliegen“, sagt Claudia, „das fliegt doch vom Himmel.“ Und sie malt ihrem weißen Christkind riesige goldene Flügel. Jetzt malen alle. Macht Spaß! Frau Steinfels geht durch die Klasse, sie lacht manchmal. „Damit machen wir am Elternnachmittag eine Ausstellung“, ruft sie.

Elisabeth Zöller

* *Harley-Davidson = Motorradmarke*

1. Wer malt das Christkind als Rockerbraut?

a) Frank ☐
b) Götz ☐
c) Leo ☐
d) Falk ☐

2. Wer malt das Christkind als Punk?

a) Götz ☐
b) Urs ☐
c) Leo ☐
d) Falk ☐

3. Wer malt das Christkind mit goldenen Flügeln?

a) Urs ☐
b) Leo ☐
c) Frau Steinfels ☐
d) Claudia ☐

4. Male das Christkind als Rockerbraut, als Punk, mit goldenen Flügeln, mit einem schnellen Porsche oder mit einem Motorrad, so wie im Text beschrieben.
   Schaut euch dann eure Bilder gegenseitig an.

Übung 1

Du überspringst beim Lesen Wörter und verlierst leicht den Faden? Du kannst dich beim Schreiben nicht so gut konzentrieren? Versuch mal die folgenden Übungen:

Die liegende Acht

Beginne mit der linken Hand und fahre vom Mittelpunkt der Acht aus nach links oben.

Folge mit den Augen der Bewegung deiner Hand. Zeichne die Acht mit jeder Hand dreimal, dann dreimal mit beiden Händen zusammen.

Beidhändig zeichnen

Zeichne auf einer Tafel, auf einem großen oder kleinen Blatt Papier. Stelle oder setze dich mitten vor die Malfläche und zeichne links und rechts gleichzeitig (spiegelbildlich) die gleichen Figuren. Richte deine Augen so aus, dass du gleichzeitig sehen kannst, was du links und was du rechts zeichnest.

Gail E. und Paul E. Dennison
übersetzt von Beate Walter

Übung 2

Überkreuzbewegungen

Jeder Mensch besitzt zwei Gehirnhälften. Dabei steuert die linke Gehirnhälfte die Bewegungen der rechten Körperhälfte, die rechte Gehirnhälfte steuert jene der linken Seite. Wir können dann am besten lernen, wenn beide Hälften gut zusammenarbeiten. Werden nun gleichzeitig linkes Bein und rechter Arm bewegt und umgekehrt, wie wir das bei den Überkreuzbewegungen machen, schalten die beiden Gehirnhälften zusammen und sorgen so dafür, dass du konzentriert lernen und lesen kannst.

Gehe, hüpfe oder tanze zu Musik. Bewege dich vorwärts, seitwärts oder rückwärts oder marschiere auf der Stelle. Bewege dabei aber immer den rechten Arm zusammen mit dem linken Bein bzw. den linken Arm mit dem rechten Bein. Es kommt darauf an, mit diesen Bewegungen immer wieder die Mittellinie des Körpers zu überqueren.

Beispiele für Überkreuzbewegungen:

Schwinge locker Arme und Beine beim Gehen.

Ziehe abwechselnd das rechte Knie zum linken Ellbogen, das linke Knie zum rechten Ellbogen.

Schwinge gleichzeitig den rechten Arm nach rechts, das linke Bein nach links und umgekehrt.

Überkreuzbewegung im Sitzen: Führe abwechselnd die rechte Hand zum leicht angehobenen linken Knie und umgekehrt.

Gabriele Förder, Matthias Lesch

Übung 3

Zungenbrecher

Lies die folgenden Zungenbrecher, so schnell du kannst.
Viel Spaß dabei!

Ein sehr schwer
sehr schnell zu sprechender Spruch
ist ein Schnellsprechspruch.
Auch ein nur schwer
schnell zu sprechender Spruch
heißt Schnellsprechspruch.
Schnellsprechsprüche
spreche ich schwer schnell.

Die Bürsten mit den schwarzen, kurzen Borsten
bürsten besser als die Bürsten mit den
weißen Borsten bürsten. Am besten jedoch
bürsten die Bürsten mit den braunen, kurzen
Borsten, die noch besser als die Bürsten
mit blauen, kurzen Borsten bürsten.

Zehn zerquetschte Zwetschgen
und zwanzig zerquetschte Zwetschgen
ergeben dreißig zerquetschte Zwetschgen.

Der Holzklotz kostet nichts,
weil der Holzklotz nichts kostet.
Und weil der Holzklotz nichts kostet,
ist der Holzklotz kostenlos.

Schwarze Schmeißfliege frisst frisches Fischfleisch.
Frisches Fischfleisch frisst schwarze Schmeißfliege.

Übung 4

1. Lies, schau genau und löse das Rätsel.

Hallo? Ist hier jemand?
Keuch! Kann ich Ihnen helfen?
Ah, da sind Sie ja endlich!
Ich hätte gerne eine Limonade.
Tut mir leid, Limo ist ausverkauft.
Schade! Na, dann nehm ich eben einen Saft.
Mal sehen, was wir noch dahaben!
Bald...
Komischer Laden! Nur eine Dose Wasser hatte er auf Lager.
Meine Güte! Jetzt begreife ich!
LEBENSMITTEL
Kommissar Hunter, es war kein Fehlalarm! Los, schnell zurück in die Bank!
Was meint Micky?

2. Beantworte folgende Fragen zum Text:

a) Warum sind Micky und der Inspektor in der Bank?

____

b) Was soll gestohlen werden?

____

c) Wie heißt der Kommissar?

____

d) Wie dick sind die Wände des Tresorraumes?

____

e) Was will Micky kaufen und wo?

____

3. Weshalb glaubt Micky, dass die Bank doch ausgeraubt werden soll? Begründe deine Antwort.

____

____

____

____

4. Beantworte nun die folgenden Detailfragen zu den Bildern, natürlich ohne nachzusehen.

a) Was trägt Micky?

____

b) Welche Farbe hat die Jacke des Wachtmeisters?

____

c) Vor dem Lebensmittelgeschäft steht ein Auto. Welche Farbe hat es?

____

Übung 1

Du sollst Sicherheit und Routine beim Nachschlagen im Wörterbuch erlangen, damit du diese Arbeitstechnik selbstverständlich anwenden kannst, um Rechtschreibprobleme selbstständig zu lösen. Hier findest du Übungen zur Vertiefung des Umgangs mit dem Wörterbuch. Diese Nachschlagetechnik kannst du auf andere Nachschlagewerke übertragen.

Fangen wir mit einer ganz einfachen Übung an. Das Ordnen von Buchstaben und Wörtern nach dem Alphabet ist die Voraussetzung für die Arbeit mit dem Wörterbuch.

Wörter mit den Buchstaben ä, ö, ü und ß stehen im Wörterbuch nach Wörtern mit den Buchstaben a, o, u und ss.
Sägen findest du nach sagen, wählen steht nach Wahl.

1. Ordne die Wörter nach dem Erst-, Zweit- und Drittbuchstaben.

Beliebte Vornamen:

_____ Helmut	_____ Stephanie	_____ Martina
_____ Maria	_____ Simon	_____ Theresa
_____ Oliver	_____ Paul	_____ Alex
_____ Andreas	_____ Kathi	_____ Claudia
_____ Robert	_____ Ali	_____ Jürgen
_____ Felix	_____ Matthias	_____ Anna

2. Im Wörterbuch stehen die Zeitwörter (Tunwörter) immer in der Grundform. Wenn du das Wort „schnitt“ suchst, musst du bei „schneiden“ nachsehen. Wie lautet bei nachfolgenden Wörtern die Grundform?

schnitt – schneiden

schlief – __________

aß – __________

rief – ________

kam – ________

sang – ________

lief – ________

brachte – ________

3. Suche in deinem Wörterbuch immer fünf Wörter, die wie folgt anfangen:

Schwe… schwe…	Leh… leh…	Schl… schl…	Gro… gro…	Kr… kr…
Schwester				
schwer				

4. Wörter einer Wortfamilie sind immer an einer Stelle im Wörterbuch zu finden. Auch diese Wörter sind nach dem Alphabet geordnet.
Suche je vier zusammengesetzte Wörter mit:

Haus: Haustür – Haustor – Hausfrau – Hausmann

Schul: ________

Auto: ________

Garten: ________

Kurze Lerneinheiten mehrmals am Tag bringen mehr als stundenlanges Pauken.

Stadt: ______________________

Buch: ______________________

Geld: ______________________

5. Suche die folgenden Wörter im Wörterbuch.
   Wie trennt man sie richtig?

gelingen: ______________________

geladen: ______________________

Lüge: ______________________

Geld: ______________________

losfahren: ______________________

Monster: ______________________

Moment: ______________________

Geist: ______________________

backen: ______________________

Mittag: ______________________

Mütze: ______________________

Auch wie ein Wort richtig getrennt werden kann, verrät dir das Wörterbuch, z. B. sit|zen.

Übung 2

Bedeutungsgleiche Wörter

Für jedes Wort gibt es auch andere Wörter, die die gleiche Bedeutung haben.

1. Hier war der Fehlerteufel am Werk und hat Wörter dazugemischt, die jedoch nicht die gleiche Bedeutung wie das Ausgangswort haben. Welches Wort passt nicht? In jeder Zeile ist ein Wort falsch. Finde es und streiche es durch.

a)

sagen				
quasseln	trinken	reden	schildern	erzählen

b)

etwas laut sagen				
schreien	plärren	brüllen	murmeln	kreischen

c)

etwas leise sagen				
wispern	flüstern	hauchen	tuscheln	fluchen

d)

etwas unglücklich sagen				
jammern	schluchzen	stöhnen	klagen	loben

2. Welches Wort passt hier nicht?

a)

sehen				
gucken	schauen	gaffen	schlafen	starren

b)

sich etwas genau ansehen				
beobachten	studieren	prüfen	untersuchen	zwinkern

3. Welches Wort passt hier nicht?

a)

dumm			
einfältig	unbegabt	gescheit	begriffsstutzig

b)

leise			
still	ruhig	lärmend	geräuschlos

c)

laut			
unüberhörbar	ohrenbetäubend	lautstark	kaputt

d)

mutig			
unglücklich	tapfer	kühn	furchtlos

e)

ängstlich			
feige	furchtsam	stark	verängstigt

f)

glücklich			
froh	vergnügt	einsam	fröhlich

g)

schön			
hübsch	fad	reizend	elegant

4. Sucht euch zehn Wörter aus und bildet Sätze.

Nicht alle Wörter stehen im deutschen Wörterbuch. Bei Fremdwörtern benötigst du ein Fremdwörterbuch.

Übung 3

1. Lies den Text durch, ohne dich bei Wörtern aufzuhalten, deren Sinn du nicht verstehst. Versuche im Zusammenhang zu erkennen, was diese Wörter bedeuten könnten.
2. Lies den Text ein zweites Mal. Schlage die Bedeutung aller Wörter, die unterstrichen sind, und aller Wörter, deren Sinn du nicht kennst, im Wörterbuch nach.

Die Weihnachtsüberraschung

Unsere Oma kam zweimal im Jahr zu Besuch. Einmal zu Ostern und einmal zu Weihnachten. Jetzt war es wieder so weit. Das Weihnachtsfest stand vor der Tür, wir hatten schon 20 Türchen unseres Adventskalenders aufgemacht und das Christkind würde nicht mehr lange auf sich warten lassen – endlich. Es war jedes Jahr dasselbe. Die Adventszeit dauerte einfach zu lange.

Alle freuten sich, wenn Oma kam. Sie war eine liebenswürdige Person. Selbst der Herr Bürgermeister war von ihrem Charme angetan. Oma hatte eine Vorliebe für Hüte und immer wenn sie kam, brachte sie einige besondere Exemplare mit.

„Probier doch auch einmal einen von meinen schönen Hüten“, meinte sie zu Kurt und hielt ihm einen besonders hässlichen grünen Hut unter die Nase. Das Exemplar war mit bunten Federn geschmückt. Kurt starrte zunächst den Hut und dann Oma fassungslos an. Schließlich rannte er schnell davon. War Oma denn verrückt geworden?

Oma war indes sehr zufrieden mit sich. Das war eine geniale Idee, um Kurt loszuwerden. Sie konnte sich ein Kichern nicht verkneifen. Er war doch tatsächlich auf ihren kleinen Trick hereingefallen.

Oma konnte Kurt jetzt nicht gebrauchen, denn sie musste die Überraschung für das Weihnachtsfest in Sicherheit bringen.

Sie hatte nämlich eine besonders schöne Spieluhr gekauft. Sie spielte das Lied „Stille Nacht, heilige Nacht“, während eine Herde Schafe rund um die Krippe mit dem Jesuskind und Maria und Josef lief.

Oma entschied sich dafür, die Spieluhr im Wäscheschrank unter den Unterhosen zu verstecken. Hier würde sicher niemand danach suchen. Die Tage vergingen und schließlich war er gekommen, der Heilige Abend. Wir gingen zur Abendmette. Oma trug an diesem besonderen Tag auch einen ihrer besonderen Hüte. Dieses Modell schockierte selbst Mama. Man sah es ihr an. Betroffen betrachtete sie Oma, wie sie vor ihr stand und ihr die Sicht mit ihrem monströsen Hut versperrte. „Lass sie doch, wenn es ihr Spaß macht“, flüsterte ihr Papa zu. Er fand die Hüte samt Oma lustig und es machte ihm überhaupt nichts aus, dass sie mit Oma, egal wo sie hinkamen, immer augenblicklich auffielen. Die verdutzten Gesichter der Leute amüsierten ihn sogar prächtig.

Später fiel Oma wieder ein, dass sie ja eine Überraschung mitgebracht hatte und ging in ihr Zimmer. „Ich komme gleich wieder“, verkündete sie geheimnisvoll und schwebte mit ihrem Hut davon.

Alle standen erwartungsvoll im Wohnzimmer. Oma zog die Spieluhr auf und – nichts geschah. Es erklang kein „Stille Nacht, heilige Nacht“ und es lief auch keine Schafherde rund um das Jesuskind. Die Spieluhr gab keinen Mucks von sich. Oma wurde trotz ihres Alters feuerrot im Gesicht vor Verlegenheit. Jetzt starrte sie die Spieluhr vorwurfsvoll an, so als würde das etwas nützen. „Das macht doch nichts“, trösteten wir sie. Doch Oma wollte davon nichts hören. Sie schüttelte die Spieluhr heftig, klopfte energisch darauf, stellte sie schwungvoll auf den Kopf und schließlich mit einem lauten Knall auf den Tisch zurück. Und als hätte die Spieluhr ein Einsehen, schließlich war ja Weihnachten, fing sie an, „Stille Nacht, heilige Nacht“

zu spielen und die Schafe setzten sich in Bewegung und liefen rund um die Weihnachtskrippe und Maria und Josef.

„Ha, sie geht wieder!“, rief Oma erfreut. Sie war mächtig stolz auf die gelungene Wiederbelebung der Spieluhr.

Ob hier wohl das Christkind ein wenig nachgeholfen hat?

3. Nun schreibe die Bedeutung der unterstrichenen Wörter im Text auf die jeweiligen Linien am Seitenrand.

4. a) So viele verschiedene Wörter für „sagen“!
Kennst du alle Wörter? Drei Wörter passen nicht.
Finde sie und streiche sie durch.

erzählen	reden	plappern
prahlen	murren	drohen
motzen	schreiben	stammeln
träumen	munkeln	wispern
maulen	tratschen	kreischen
stöhnen	brüllen	grölen
wettern	donnern	protestieren
schelten	rufen	schreien
quengeln	lärmen	helfen
nuscheln	flüstern	raunen

b) Welche Wörter kannst du verwenden,
wenn jemand etwas sehr laut sagt:

kreischen, ______________________

____

____

____

____

Merke dir diese Eselsbrücke: Jeder Herr und jede Frau schreibt „ver" und „vor" mit Vogel-V!

Übung 4

1. Die unterstrichenen Wörter im Text sind falsch geschrieben. Streiche die falsche Schreibweise durch und schreibe die richtige Schreibweise an den Seitenrand. Benutze ein Wörterbuch und hebe die Besonderheit in der Schreibweise hervor, z. B. so: ~~ferschwindet~~ verschwindet.

Es gibt immer eine Lösung

Klaus kommt von der Schule heim. Er fetzt seine Schultasche in die nächste Ecke. Er ist nämlich stinksauer. Nicht einmal ein Hallo hat er für seine Mama übrig. Die wundert sich nicht schlecht. „Was ist denn mit dir los?"

Klaus brummelt nur unfreundlich einen Gruss vor sich hin und verschwindet in seinem Zimmer. Die Tür knallt er lautstark zu. Damit dämonstriert er, dass er seine Ruhe haben will. „Kommst du essen?", fragt seine Mama nach einer Weile. „Ich hab keinen Hunger!", antwortet Klaus mürrisch. Jetzt wird es Mama aber zu viel. „Du kommst sofort aus deinem Zimmer heraus und benimmst dich ordentlich!", sagt sie streng. „Meine Geduld ist am Ende. Schliesslich kann ich auch nichts dafür, wenn du einen schlimmen Tag erlebt hast!" Klaus sieht ein, dass seine Mama eigentlich gar nichts dafür kann, dass er sich so mieserabel fühlt, aber er kann einfach nicht anders. Er muss sich irgendwie abreagieren. Schließlich siegt doch der Hunger und Klaus kommt zum Essen. Noch immer redet er nicht. Mama redet auch nicht. Schweigend sitzen sie beisammen und hängen ihren Gedanken nach. Nur hin und wieder wirft die Mutter einen nachdenklichen Blick auf Klaus. „Willst du mir denn nicht erzählen, was los ist?", fragt sie schließlich. „Was betrückt dich denn?" Klaus will zunächst nichts sagen, aber dann bricht es doch aus ihm hervor und zwar gleich so, dass dicke Tränen

über seine Wangen kullern. „Jochen hat mir meinen Füller weggenommen“, erzählt er stockend, „und ich konnte die Übung nicht fertigschreiben. Und dann, und dann“, Klaus kann kaum sprechen, weil er so viel schluchzt. Die Mama gibt ihm ein Taschentuch und Klaus schneuzt sich einmal kräftig. „Komm her“, sagt Mama liebevoll und nimmt ihn in die Arme. „Was ist dann paßiert?“, fragt sie nach. „Jedenfalls hat es dann geläutet und ich war natürlich noch nicht mit dem Schreiben fertig. Und dann hat die Lehrerin gesagt, alle, die mit der Übung nicht fertig geworden sind, müssen sie zu Hause fertigschreiben.“ Klaus erzählt noch immer stockend, weil er sich so bemüht, dass er nicht wieder weinen muss. „Jedenfalls habe ich jetzt so viele Hausaufgaben, dass ich wohl nie damit fertig werde, wo doch heute das Fußballtreining ist.“ Jetzt heult Klaus doch wieder. Er wundert sich schon selbst, dass er noch so viele Tränen übrig hat. „Hat Jochen dir denn den Füller wieder zurückgegeben?“, will Mama wißen. Klaus nickt.

„Hmm“, macht Mama nachdenklich. „Du hast also sehr viele Hausaufgaben, die du bis morgen erledigen musst. Du willst aber auch zum Fußballtraining. Tja, Klaus, nun mußt du dir eine Lösung überlegen. Wie gehst du vor?“ Klaus überlegt: „Soll ich etwa das Training ausfallen lassen?“ Aber Klaus gefällt diese Idee gar nicht und er schüttelt heftig den Kopf. Es muss ihm eine bessere Lösung einfallen. „Und wenn ich heute besonders schnell schreibe?“, überlegt er weiter. Aber Klaus weiss selbst, dass er gar nicht so schnell schreiben kann. „Und wenn ich Clemens frage, ob er mir beim Schreiben hilft? Oder wenn ich einfach morgen sage, dass ich meine Hausaufgaben vergessen habe?“ Aber das will Klaus irgendwie auch nicht und Mama würde es sowieso nicht erlauben. „Hmm“, macht Klaus nachdenklich. So schnell giebt er nicht auf. Nach einer Weile hat er die rettende Idde. „Ich werde den Trainer anrufen und ihm sagen, dass ich erst nach dem Aufwärmtraining komme. Wenn ich zum Fußballplatz laufe, bin ich auch aufgewärmt und kann gleich mit dem Spielen beginnen. Die Dehnungsübungen zum Schluß lasse ich auch sausen. Der Trainer wird das sicher verstehen, wenn ich ihm die Sachlage erkläre. So gewinne ich eine Stunde Zeit. Die müsste eigentlich reichen, um alle Aufgaben zu erledigen. Ja, so könnte es gehen." Klaus spürt, wie wilde Freude in ihm aufsteigt und stührmt gleich zu seiner Mama, um ihr seine Lösung zu erzählen.

2. Welche Wörter passen nicht?

a) So viele verschiedene Wörter für „sehen"!
Kennst du alle Wörter? Zwei Wörter passen nicht.
Finde sie und streiche sie durch.

Klebe dir ein Buchstabenregister in dein Wörterbuch, das erleichtert die Suche!

schauen	erspähen	besichtigen
schielen	betrachten	verstehen
sichten	blicken	erkennen
stürmen	registrieren	wahrnehmen
glotzen	äugen	gaffen
gucken	blinzeln	bestaunen

b) So viele Wörter für „genau anschauen"!
Welche drei Wörter passen hier nicht dazu?

bewundern	begutachten	mustern
starren	stieren	rechnen
prüfen	studieren	schreiben
fixieren	schießen	beobachten
bespitzeln	belauern	

Übung 5

Vor dem Lesen:

A. Wozu dient dieser Text?

a) der Information ☐ b) der Unterhaltung ☐

B. Welche Lesestrategie wirst du anwenden?

a) Text überfliegen ☐ b) Text genau lesen ☐

1. Überfliege zunächst den Text.
2. Schnelltest: Was hast du dir beim Überfliegen des Textes gemerkt?

Chamäleons – kleine Drachen

Das Gehirn will Abwechslung beim Lernen. Wechsle den Lernstoff, die Lautstärke, die Umgebung ... ab.

Das Chamäleon ist der bunte Vogel unter den Echsen. Keine Art ist so bekannt wie diese – und über keine wissen wir so viel. Seine Zunge ist klebrig. Als Lauerjäger warten sie stundenlang auf ihre Beute. Die Farbe wechseln sie zur Tarnung. All das ist sehr interessant, leider aber nicht ganz richtig.

Zungenschuss

Es stimmt. Chamäleons haben eine lange Zunge. Bei Bedarf schleudern sie diese blitzschnell Richtung Opfer. Bei manchen Arten ist sie sogar fast so lang wie der Körper. Innerhalb von Sekundenbruchteilen wird die Beute „gedeckelt", das heißt ganz von der Zunge umschlossen. Gleich darauf schnalzt sie wieder zurück. Vorher wird beobachtet: Chamäleons können Dinge noch in einem Kilometer Entfernung scharf sehen.

Weil sie sich nicht so schnell fortbewegen können, ist dieser Vorsprung lebenswichtig; Gefahren werden früh erkannt. Meist bewegen sich die Augen der Chamäleons unabhängig voneinander. Erst wenn ein Opfer gefunden wurde – eine Schnecke oder ein Insekt –, bekommt es die ungeteilte Aufmerksamkeit beider Augen. Langsam, kaum merklich, schleicht sich das Chamäleon an.

Farbwechsel und Haltung

Über die berühmten Farbwechsel wird kommuniziert. So werden manche Arten rot, wenn sie sich paaren wollen – andere wiederum ärgern sich tatsächlich schwarz. Tarnung spielt eine geringere Rolle.

Die Haltung eines kleinen Drachen verlangt einen hohen Preis. Ein großes, sehr hohes Terrarium samt spezieller UV-Lampe und zeitgesteuerter Heizung ist die Grundausstattung. Das Terrarium soll eine hohe Luftfeuchtigkeit aufweisen. Häufig müssen zur Ernährung zusätzlich Insekten gehalten und Mineralstoffmischungen gekauft werden. Keine einfache Sache also: Besser, man lässt die Tiere in ihrer natürlichen Umgebung leben. Chamäleons in Gefangenschaft werden drei bis fünf Jahre alt.

3. Was bedeuten folgende Wörter?
   Schlage im Wörterbuch nach.

a) Tarnung ____________________

b) Terrarium ____________________

c) schleudern ____________________

d) Beute ____________________

e) Vorsprung ____________________

4. Kannst du die folgenden Wörter durch ihre Zusammensetzung erklären?
   Beispiel: „Zungenschuss“ besteht aus „Zunge“ und „Schuss“. Die Beute wird mit der Zunge ganz schnell „geschossen“.

Lauerjäger ______________ und ______________

Grundausstattung ______________ und ______________

Vorsprung ______________ und ______________

Mineralstoffmischung ______________ und ______________

Sekundenbruchteil ______________ und ______________

Luftfeuchtigkeit ______________ und ______________

5. Wo muss man im Wörterbuch nachschauen, um das Wort „stundenlang“ zu finden?

____

____

____

6. Finde zusammengesetzte Wörter mit „Stunden-“.

____

____

____

7. Was wird über Chamäleons erzählt und ist nicht ganz richtig?

____

____

____

Teile deinen Stoff in kleine Lerneinheiten und schreibe ihn auf Lern- oder Karteikärtchen. Diese kleinen Lernhappen lernst du viel schneller und leichter.

Übung 6

Lisztaffe

Länge:	um die 30 cm
Gewicht:	bis zu 450 g
Nahrung:	Früchte, Blätter, Samen, Insekten, Spinnen, Vogeleier, Vögel, Echsen, Baumfrösche, Mäuse
Verbreitung:	ausschließlich an den Rändern der nordwestlichen Regenwälder Kolumbiens
Lebenserwartung:	über zehn Jahre

Die Heimat der Lisztaffen ist Kolumbien. Das liegt in Südamerika.

Lisztaffen

Schon die Kleinen sehen aus wie Greise: schneeweiße Haare, tiefliegende Augen, das eingefallene apfelförmige Gesichtchen. Und wenn diese jungen Äffchen im Alter von zwei, drei Wochen dann ihre ersten Schritte machen, könnte man glauben, dass es ihre letzten Schritte sind.

Ihr schriller Schrei ist aber voll von Leben – und ein wenig Unsicherheit: Mit ihm sichert sich das Äffchen die Aufmerksamkeit der Verwandten, falls etwas schiefgehen sollte.

Die Lisztäffchen leben in Gruppen von drei bis elf Tieren zusammen. Die tagaktiven Tiere beginnen ihre Jagd schon im Morgengrauen. Meistens fressen sie Früchte und Samen von Bäumen. Hie und da aber auch Insekten, Echsen und kleinere Frösche. Sind sie dann durstig, müssen sie nicht zu Pfützen oder Bächen klettern: Sie lecken den Tau gleich von den Blättern.

Zwitschern im Geäst

Eine Vielzahl an Lauten steht ihnen dabei zur Verfügung: Sie verständigen sich durch Trällern, Trillern, Zwitschern, Zischen und etwas, was dem Jodeln sehr nahekommt. Davon abgesehen ist bei ihnen auch das Mienenspiel, also was sie mit ihren Gesichtern ausdrücken können, sehr ausgeprägt. Während der ersten Zeit lernen sie ihren Lebensraum auf dem Rücken ihrer Väter kennen. Dabei wird auch gleich der familieneigene Geruch, der das Revier markiert, erschnuppert.

Der Klügere gibt nach

Natürlich geht es bei ihnen nicht immer so friedlich zu. Äffchen gleichen Geschlechts etwa tyrannisieren einander, bis der Rang in der Gruppe bestimmt ist. Wenn sie sich mit flötenden Lauten gegenseitig aufgebracht haben, rasen sie, die weißen Haare aufgestellt, Zähne gefletscht, kreischend aufeinander zu. Meistens hat einer der beiden dann schon Angst genug und beendet den Streit, wir finden: der klügere. Ihren Namen haben sie übrigens der Ähnlichkeit ihrer Haartracht mit der des ungarischen Komponisten Franz Liszt zu verdanken. Zumindest sahen das vor 200 Jahren die Forscher so, die die ersten Äffchen in Südamerika entdeckten. Heute würden die Lisztaffen sicher anders genannt werden. Die Tiere sind mittlerweile auf jeden Fall sehr selten und vom Aussterben bedroht.

Brandon Walder

Wiederhole den Lernstoff mehrmals!
Durch die Wiederholung gelangt das Gelernte ins Langzeitgedächtnis.

1. Was versteht man unter folgenden Wörtern?
Benutze das Wörterbuch und ergänze wenn möglich die Artikel.

Artikel	Wort	Bedeutung
das	Geäst	
	jodeln	
	Mienenspiel	
	Revier	
	tagaktive Tiere	
	Pfützen	
	Tau	
	tyrannisieren	
	Rang	
	Haartracht	

2. Fasse den Text in ein bis zwei Sätzen zusammen.

____

____

____

____

3. Schnellleseübung: Lies die Wörter, so schnell du kannst.

trällern – Tralala – trillern – tirilieren – zwitschern – Zwetschge – zwingen – zischen – zirpen – zwicken – zwängen – Zwang – zupfen – Zipfelmütze

Übung 7

Kennst du dich schon ein bisschen mit dem Internet aus?
Hier sind wichtige Begriffe kurz erklärt:

Internet:
Das Internet ist ein weltweites Computernetzwerk, das Millionen von Computern miteinander verbindet.

Internetadresse:
Jeder Anbieter hat eine eigene Adresse im Internet. Die Adressen im Internet beginnen meist mit „https://www“.

„https“ heißt HyperTextTransfer-Protokoll Secure. Dies ist das Standardverfahren, mit dem Seiten aus dem WWW in einen Webbrowser geladen werden. Das Computerprogramm fügt die Abkürzung „https“ automatisch dazu, d. h. sie braucht nicht eingegeben zu werden.

„www“ steht für World Wide Web und heißt übersetzt „weltweites Datennetz“. Dadurch weiß der Computer, dass eine Internetadresse gemeint ist.

Noch mehr Erklärungen zu Internetbegriffen findest du auf: www.fragfinn.de oder www.internet-abc.de

Danach kommt der Name der Seite, wie z. B. „https://www.kidsweb.“, mit einem Punkt als Abschlusszeichen.

Danach kommt die Angabe, in welchem Land sich der Computer befindet, auf dem diese Seite zu finden ist:

„https://www.kidsweb.de“; „de“ steht für Deutschland.

surfen:
Wenn du dir im Internet die verschiedenen Seiten ansiehst und dich durch die unterschiedlichsten Seiten klickst, sagt man auch „surfen“ dazu.

Browser: (englisch; „Stöberer“)
Der Browser ist das Programm, mit dessen Hilfe du eine Internetseite ansehen kannst. Die bekanntesten Browser sind Google Chrome und der Mozilla Firefox.

Link: (englisch; Verknüpfung)
Links sind Wörter oder Bilder auf Internetseiten, die man anklicken kann, um auf eine andere Seite zu gelangen. Hinter den Links verbergen sich Adressen. Wenn du mit der Maus über einen Link fährst, verwandelt sich der Mauszeiger in eine Hand.

Suchmaschine:
Eine Suchmaschine hilft dir, Informationen im Internet zu finden. Das ist sehr hilfreich, wenn du die genaue Adresse von einer Seite nicht kennst oder dich einfach mal informieren möchtest, wo es Informationen zu einem bestimmten Thema (z. B. Tiere) gibt.

Gibt man einen Suchbegriff ein, erhält man eine Trefferliste mit Links zum direkten Aufruf der gewünschten Seite.

Es gibt verschiedene Suchmaschinen. Suchmaschinen für Kinder führen dich nur auf Seiten, deren Inhalte für Kinder geeignet sind. Sie heißen z. B.

www.fragfinn.de
www.helles-koepfchen.de
www.kidsweb.de

Homepage:
Die Homepage heißt wörtlich übersetzt Heimseite. Jeder Anbieter hat eine eigene Homepage (= Adresse im Internet, z. B. www.fragfinn.de), die meist auch die Startseite seiner Internetseite ist.

1. Erste Suchübungen:

a) Öffne einen Browser und gib im Adressfeld die Adresse der Suchmaschine www.fragfinn.de ein.
Sieh dir die Homepage in Ruhe an.
Wo musst du den Suchbegriff eingeben?

b) In Übung 6 hast du etwas über Lisztaffen gelesen.
Suche nun weitere Informationen zu den Äffchen.
Suchmaschine: www.fragfinn.de
Suchbegriff: Lisztaffen

c) Suche nun Informationen zum ungarischen Komponisten Franz Liszt.
Suchbegriff: Franz Liszt

2. Hier sind einige interessante Internetadressen für dich.
Viel Spaß beim Surfen!

www.die-maus.de
www.hamsterkiste.de
www.thomasbrezina.com

Damit Kinder nicht auf Seiten gelangen, deren Inhalt für sie nicht geeignet ist, gibt es eigene Suchmaschinen für Kinder, z. B.
www.fragfinn.de oder
www.helles-koepfchen.de.

Durch die W-Fragen im Kopf suchst du gezielt nach Antworten und liest viel genauer.

Übung 1

Wenn du Zeitungstexte liest, solltest du das immer mit der Absicht tun, die wichtigsten Fragen beantworten zu können.

Nutze dazu die W-Fragewörter:

a) **Wo** war das? (Wenn du nicht weißt, wo der Ort liegt, dann sieh auf der Landkarte nach.)
b) **Wer** war daran beteiligt?
c) **Wann** ist das passiert?
d) **Was** ist geschehen?
e) **Welche** Folgen hatte es?

Verschaffe dir zunächst einen groben Überblick über den Text. Lies die Überschrift – sie sagt dir, worum es im Text geht – und alle hervorgehobenen Textstellen.

Indem du einen Text überfliegst, verschaffst du dir einen ersten Überblick. Das ist ganz wichtig, um Zeit zu sparen und um möglichst schnell viele Informationen durchzuschauen.

Überfliege dann den Text, indem du deine Augen wie bei einem Slalom über den Text schweifen lässt. Diese Technik nennt man Slalomlesen. Dabei erfährst und speicherst du schon die wichtigsten Informationen.

Erst dann, wenn der Text für dich interessant ist, liest du ihn nochmals genau durch.

Wozu einen Text überfliegen?
Du überfliegst einen Text, weil du eine bestimmte Information suchst, z. B. eine bestimmte Fernsehsendung, weil du Zeit sparen willst oder um zu entscheiden,

- ob du den Text überhaupt lesen willst,
- ob der Text für dich interessant ist,
- ob der Text Antworten liefert auf die Fragen, die du hast.

Übung 2

Der größte Tintenfisch ging ins Netz

Neuseeländischen Fischern ist im Februar der vermutlich weltweit größte Fang eines Tintenfisches gelungen. Der riesige Tintenfisch ist etwa 10 Meter lang, wiegt rund 450 Kilo und hat den Durchmesser eines Traktorreifens. Das Tier soll wissenschaftlichen Tests unterzogen werden, um Erkenntnisse über die weitgehend unbekannte Art zu sammeln.

1. Wiederhole den Text anhand der Fragen:

Wo? In welchem Land? ______________________

Wer? Wer hat diesen Fund gemacht? ______________________

Wann? Wann ist es geschehen? ______________________

Was? Was ist geschehen? ______________________

Wie? Wie groß ist der Riesentintenfisch? ______________________

2. Liest du auch eine Zeitung? Wenn ja, welche?
   Welche Zeitung lesen deine Eltern?
   Kennst du den Namen?

____

____

3. Nehmt verschiedene Zeitungen in die Schule mit und seht sie euch an.

Erzähle anderen, was du gelesen hast! Dadurch prägt es sich viel besser ein.

Übung 3

Vor dem Lesen:

Welche Art von Text ist dieser Zeitungsartikel?

a) Unterhaltungstext ☐ b) Nachrichtentext ☐

Die Gift-Diebin

Diese Schlange klaut. Und zwar ziemlich frech. Forscher haben jetzt herausgefunden, dass die Tiger-Natter kein eigenes Gift herstellt. Stattdessen futtert sie Kröten und speichert deren Gift in einer Drüse am Nacken selbst ab. Ziemlich gemein: Eigentlich soll das Gift die Kröten vor Feinden schützen, doch der Natter machen die Kröten nichts aus. Der Meisterdieb unter den Schlangen lebt übrigens in Asien: in Japan, Korea, China und Vietnam. Bei uns begegnen wir der Tiger-Natter zum Glück nicht.

Indem du dir überlegst, was du zu einem Thema schon weißt, aktivierst du vorhandenes Wissen. Du lernst am besten, wenn du neues Wissen mit vorhandenem Wissen verknüpfst.

1. Wiederhole den Text anhand der Fragen:

Wo? In welchem Land? ____________________

Wer? ____________________

Was? Was ist geschehen? ____________________

Wie? ____________________

2. Was wisst ihr sonst noch über Schlangen? Sammelt euer Wissen in der Klasse.

3. Noch mehr Informationen zu Nattern und anderen Schlangen findest du im Internet.

Mögliche Suchbegriffe: Schlangen, Natter, Riesenschlange, Giftschlange etc.

Übung 4

Vor dem Lesen:

Welche Art von Text ist dieser Zeitungsartikel?

a) Unterhaltungstext ▢ b) Nachrichtentext ▢

Dreck ist super!

Dass es hin und wieder verdammt Spaß macht, so richtig im Matsch zu wühlen – das wussten wir ja schon längst. Doch jetzt haben britische Forscher ganz wissenschaftlich herausgefunden, dass Schmutz glücklich macht. Schuld daran sind bestimmte Bakterien im Boden. Sie lösen in unserem Körper ein Hormon aus, wodurch wir fröhlich werden. Also: Wenn die Eltern mal wieder motzen, weil du draußen ein wenig dreckig geworden bist – erkläre ihnen einfach, dass wissenschaftlich bewiesen ist, dass du Matsch brauchst, um glücklich zu sein!

1. Worum geht es in diesem Artikel?
   Fasse kurz zusammen.
2. Setze richtig ein.

Schmutz macht ______________________. Das haben britische ______________________ herausgefunden. Schuld daran sind bestimmte ______________________ im Boden.

3. Finde 10 Wörter mit „ck“.

Übung 5

Vor dem Lesen:

Welche Art von Text ist dieser Zeitungsartikel?

a) Unterhaltungstext ▢ b) Nachrichtentext ▢

Keine Angst vor dem Zahnarzt

Fies ist das, oder? Dieses Bohr-Geräusch, wenn der Zahnarzt Löcher entdeckt hat. Und wenn das Loch schon richtig tief ist, dann tut's noch dazu scheußlich weh. Doch jetzt kommt die gute Nachricht für alle, die beim Surren des Bohrers am liebsten abhauen würden: Kinder in Deutschland und Österreich haben immer weniger Karies. Der Grund dafür: Sie putzen offenbar besser und gehen regelmäßiger zur Untersuchung zum Arzt als noch vor einigen Jahren. Deutschland und Österreich haben damit einen internationalen Spitzenplatz bei der Mundgesundheit von Kindern erreicht. Zwölfjährige haben im Schnitt weniger als einen beschädigten oder fehlenden Zahn. Die Schweiz schneidet ähnlich gut ab.

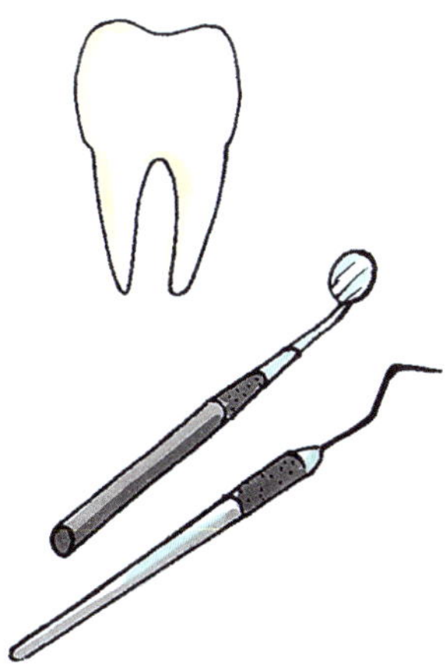

1. Worum geht es in diesem Artikel?
   Fasse kurz zusammen.
2. Setze richtig ein.

Kinder in Deutschland und Österreich haben immer

weniger ____________________. Der Grund dafür:

Sie ____________________ besser ihre Zähne und gehen

regelmäßiger zum ____________________.

3. Finde zehn Wörter mit stummem „h“.

Übung 6

Das Fernsehprogramm

Ein Fernsehprogramm informiert dich über die Zeiten der Programminhalte. Hier musst du den gesamten Text überfliegen und scannen (= absuchen), damit du die bekannten Sendungen in den verschiedenen Zeilen wiederfindest. Bestimmte Sendungen kommen im Laufe des Tages immer wieder, z. B. Nachrichtensendungen. Manche Sender haben überhaupt keine Nachrichten, das sind reine Unterhaltungsprogramme.

Vor dem Lesen:

A. Wozu dient der Text auf Seite 84?

a) der Information ▢ b) der Unterhaltung ▢

B. Welche Lesestrategie wirst du hier anwenden?

a) Text überfliegen ▢ b) Text genau lesen ▢

Auf Seite 84 findest du einen Ausschnitt einer Fernsehzeitschrift. Beantworte damit die folgenden Fragen.

1. Was ist die „Tagesschau“?

a) eine Nachrichtensendung ▢ b) ein Krimi ▢

2. Was ist „logo!“?

a) eine Nachrichtensendung für Kinder ▢

b) eine Quiz-Sendung ▢

3. Du willst um die Mittagszeit eine Nachrichtensendung sehen. Auf welchem Programm gibt es eine Nachrichtensendung und wie heißt sie? Du musst überlegen, wie die Sendung heißen kann, auch Sport und Wetter gehören dazu.

ARD	
ZDF	
RTL	
SAT.1	

4. Es gibt verschiedene Filmgattungen, die beim jeweiligen Film im TV-Programm dabei stehen, wie z. B. Krimi, Drama, Komödie.

a) Suche eine Serie in der ARD.
Wie heißt sie und wann kommt sie?

___

b) Suche einen Krimi in der ARD.
Wie heißt er und wann läuft er?

___

c) Wann kommt „Berlin direkt“ im ZDF?

___

d) Wann werden abends die „SAT.1 Nachrichten“ ausgestrahlt?

___

e) Welche Nachrichtensendungen findest du?

ARD	
ZDF	
RTL	
SAT.1	

ARD	ZDF	RTL	SAT.1
6.00 Willis Quiz Quark Club 6.25 Tracey McBean 7.15 Sesamstraße 8.05 Pumuckl 9.00 Tigerenten Club 10.00 Tagesschau 10.03 Die Gänsemagd 11.20 Die Sendung mit der Maus 11.50 Sport	6.00 Coco, der neugierige Affe 6.45 Der Mondbär 7.20 Bibi Blocksberg 8.35 Löwenzahn 9.00 heute 9.02 Wochenmagazin 9.30 Ev. Gottesdienst 10.15 Willkommen bei Carmen Nebel – *Show*	6.15 Alles Atze *Sitcom* 6.45 Nikola *Sitcom* 7.15 Ritas Welt *Comedy* 7.45 Kaya Yanar 8.40 Böse Mädchen 9.25 Der tolle Käfer in der Ralley Monte Carlos 11.30 Cindy aus Marzahn & Die jungen Wilden	6.00 Kommissar Rex 7.00 Kommissar Rex 8.00 Weck up – Frühmagazin 9.05 Genial daneben 10.05 Clever – Die Show, die Wissen schafft 11.05 Schillerstraße *Comedy*
13.45 Bilderbuch *Reisedoku* 14.30 So ein Millionär hat's schwer 16.30 ARD-Ratgeber Reise 17.00 Tagesschau 18.00 Sportschau 18.50 Lindenstraße *Serie* 19.20 Weltspiegel *Magazin*	12.45 heute 13.15 ZDF.umwelt 14.15 ZDF Sport – extra 17.00 heute 17.10 ZDF Sport Reportage 18.00 ML Mona Lisa 19.00 heute 19.10 Berlin direkt 19.30 Faszination Erde	12.45 DSDS – Das Magazin 13.40 DSDS 15.40 Rach, der Restauranttester 16.40 Bauer sucht Frau 17.45 Exclusiv – Weekend 18.45 RTL Aktuell 19.03 RTL Aktuell – Das Wetter 19.05 Die Farm	12.05 Ladykracher 12.35 Pastewka 13.45 Mensch Markus 14.35 Zack! 15.35 Sechserpack 16.35 Die dreisten Drei 17.05 Findet Nemo *Animationsfilm* 19.00 Der Wendler-Clan *Doku-Soap*
20.00 Tagesschau 20.15 Tatort – *Krimi* 21.45 Anne Will 22.45 Tagesthemen 23.05 Kulturmagazin 23.35 American Football	20.15 Stürmische Begegnung 21.45 heute journal 22.00 Die Queen *Drama* 23.35 Die Queen *Doku*	20.15 50 erste Dates *Komödie* 22.45 Spiegel TV Magazin 23.30 Der Schlager lebt	20.00 SAT.1 Nachrichten 20.15 Men in Black *Komödie* 22.45 Planetopia *Magazin* 23.30 Cops & Controlleure

Übung 1

Sach- und Informationstexte lesen:

1. Überfliege den Text und verschaffe dir einen ersten Überblick. Lies die Überschrift und achte auf alle Hervorhebungen.
   Sieh dir die Bilder an.
2. Stelle Fragen. Was will ich wissen?
   Worauf gibt der Text Antworten?
3. Lies den Text und stelle ihn dir mit allen Sinnen vor.
4. Kläre unbekannte Begriffe.

Martin muss ins Krankenhaus

„Guten Morgen, raus aus den Federn!“, ruft Mama und zieht die Vorhänge vom Fenster weg. Martin schläft noch tief und fest. „Hallo Martin, aufstehen!“, wiederholt Mama und schüttelt ihn leicht, damit er endlich wach wird. Nun schlägt Martin die Augen auf, na ja, zumindest ein bisschen.

„Mir tut der Bauch weh“, jammert er. „Ich glaube, ich kann nicht aufstehen!“ Mama legt die Hand auf Martins Stirn, um zu fühlen, ob er Fieber hat. „Du bist ja ganz heiß“, stellt sie verwundert fest und holt gleich das Fieberthermometer. 39 °C zeigt es an. Martin hat ziemlich hohes Fieber. Der Arzt muss kommen. Schon nach kurzer Zeit klingelt er an der Tür.

„Tut das weh?“, fragt er Martin und drückt ihm dabei in den Bauch. „Aua“, schreit Martin empört auf, „das tut sogar sehr weh!“ Und dabei sieht er den Arzt böse an. „Tja, du musst leider ins Krankenhaus“, sagt der Doktor zu Martin. „Ich bin mir ziemlich sicher, dass du eine Blinddarmentzündung* hast. Im Krankenhaus werden sie dich operieren und dir den Blinddarm entfernen. Schon nach ein paar Wochen bist du wieder wie neu.“

* *Eigentlich ist der Wurmfortsatz des Blinddarms erkrankt.*

Sachtexte oder Gebrauchstexte sind keine erfundenen Geschichten, sondern informieren. Sie befassen sich mit einem bestimmten Thema, wie z. B. Tiere, Pflanzen, Sport usw.

Krankenhaus, Operation, ein paar Wochen – die Worte schwirren Martin im Kopf herum und er hat auf einmal große Angst, sehr große Angst sogar. „Ich will nicht ins Krankenhaus“, klagt er und versteckt sich sicherheitshalber unter der Bettdecke. Und nach einer Weile tönt es darunter hervor: „Es geht mir jetzt schon viel besser, ich bin schon fast wieder gesund!“ Der Arzt hat jedoch kein Einsehen. „Du musst jetzt vernünftig sein“, sagt er zu Martin. „Mit einer Blinddarmentzündung ist nicht zu spaßen.“ Jetzt hat Martin noch mehr Angst. „Ich will nicht ins Krankenhaus“, schluchzt er.

Mama nimmt ihn in den Arm. „Ich komme mit dir mit und bleibe bei dir!“, tröstet sie ihn. „Wir werden das gemeinsam durchstehen.“ Martin beruhigt sich ein bisschen. „Was ist eine Blinddarmentzündung?“, will er nun wissen. Und der Arzt erklärt:

„In deinem Bauch befinden sich die Gedärme. Auf halbem Weg, genau zwischen dem sogenannten Dünndarm und dem Dickdarm, befindet sich der Blinddarm. Der Blinddarm ist ein Sack, ungefähr so groß wie eine Faust. Dort landet der Kot, also das ehemalige Essen, bevor er vom Dünndarm in den Dickdarm geschoben wird. Am hinteren Ende des Blinddarmsackes befindet sich der sogenannte Wurmfortsatz. Dieser Wurmfortsatz hat, im Gegensatz zum Blinddarm, keine Bedeutung für die Verdauung. Er ist einfach da. Dieser Wurmfortsatz ist eines der wenigen Körperteile, auf die der Mensch ohne Weiteres verzichten könnte. Warum es ihn trotzdem gibt, ist noch unbekannt. Bei der Blinddarmentzündung ist genau genommen nicht der gesamte Blinddarm, sondern nur der Wurmfortsatz entzündet und dieser kranke Wurmfortsatz wird herausgeschnitten.“

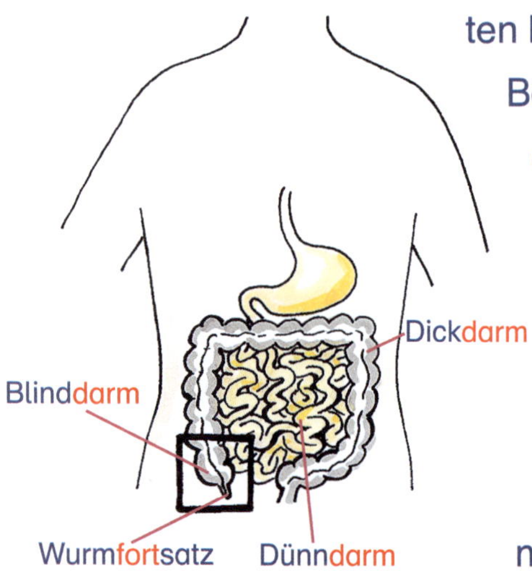

Dann geht alles ziemlich schnell. Martin kommt sofort ins Krankenhaus und wird noch am selben Tag operiert. Zum Glück verläuft die Operation gut. Auf seinem Bauch hat er nun eine Narbe.

1. Richtig ☑ oder falsch ☒?

a) Martin hat Bauchweh. ▢
b) Mama hat Bauchweh. ▢
c) Der Arzt drückt Martin auf die Brust. ▢
d) Martin hat eine Blinddarmentzündung. ▢
e) Der Blinddarm ist ein Teil des Dünndarms. ▢
f) Der Blinddarm befindet sich zwischen Dünndarm und Dickdarm. ▢
g) Nur der Wurmfortsatz des Blinddarms ist erkrankt. ▢
h) Der Wurmfortsatz des Blinddarms ist wichtig für die Verdauung. ▢
i) Der Blinddarm ist ein Sack, ungefähr so groß wie eine Faust. ▢
j) Der Blinddarm wird entfernt. ▢
k) Nur der Wurmfortsatz des Blinddarms wird entfernt. ▢

Stelle Fragen zum Lernstoff! Dadurch liest du viel aufmerksamer und der Stoff prägt sich besser ein.

2. Hier sind Sätze aus der Geschichte. Finde die passenden Fragen.

Martin muss ins Krankenhaus.
Wohin ______

Mama zieht die Vorhänge vom Fenster weg.
Wer ______

„Mir tut der Bauch weh“, jammert er.
Was ______

Martin hat ziemlich hohes Fieber.
Was ______

Der Arzt muss kommen.
Wer ______

3. Formuliere fünf weitere beliebige W-Fragen zum Text. Verwende dabei die W-Fragewörter wer, was, wo, wie, wann, warum …

4. Falsche Wörter im Text! Im folgenden Abschnitt sind Wörter hineingerutscht, die nicht hineinpassen, die also den Sinn stören. Finde sie und streiche sie durch.

Teile deinen Lernstoff in Lernportionen ein und beginne rechtzeitig vor einem Test zu lernen!

Der Arzt erklärt: „In deinem Bauch befinden sich die Gedärme lang. Auf halbem Weg, genau zwischen dem sogenannten Dünndarm und dem Dickdarm kurz, befindet sich der Blinddarm. Der Blinddarm ist ein Sack Nikolaus, ungefähr so groß wie eine Faust groß. Dort landet der Kot, also das ehemalige Essen, bevor er vom Dünndarm in den Dickdarm geschoben wird gestern. Am hinteren Ende des Blinddarmsackes befindet sich der sogenannte Wurmfortsatz befindet. Dieser Wurmfortsatz hat, im Gegensatz zum Blinddarm, keine Bedeutung für die Verdauung. Er ist einfach da. Dieser Wurmfortsatz war ist eines der wenigen Körperteile Beine, auf die der Mensch ohne Weiteres verzichten könnte. Warum es ihn trotzdem gibt, ist noch unbekannt häufig. Bei der Blinddarmentzündung ist genau genommen krank nicht der gesamte Blinddarm, sondern nur der Wurmfortsatz entzündet und dieser kranke Wurmfortsatz gesund wird herausgeschnitten."

5. Warst du auch schon einmal im Krankenhaus? Erzähle den anderen in deiner Klasse, wie das für dich war.

Übung 2

Piraten

Piraten waren Seeräuber, die ihr Geld nicht mit Arbeit verdienten, sondern über die Weltmeere fuhren und Handelsschiffe oder Küstenstädte plünderten. So bereicherten sie sich und sammelten unermessliche Schätze an. Oft setzten die Piraten heimlich mit Booten zum gegnerischen Schiff über, schlichen sich lautlos an Bord und plünderten die vorgefundenen Schätze. Im Schutze der Dunkelheit vergruben die Piraten später ihre kostbare Beute. Sie hielten das Versteck geheim, damit sie nicht selbst ausgeraubt wurden. Um das Versteck wiederzufinden, zeichneten sie eine Schatzkarte. Später, wenn keine Gefahren lauerten, kamen sie und holten das Gold.

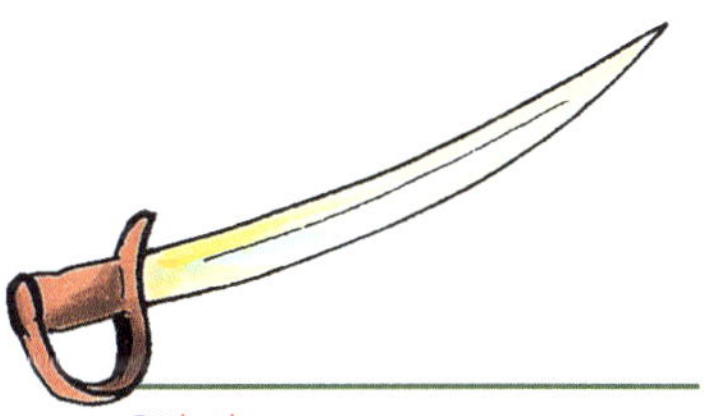

Säbel

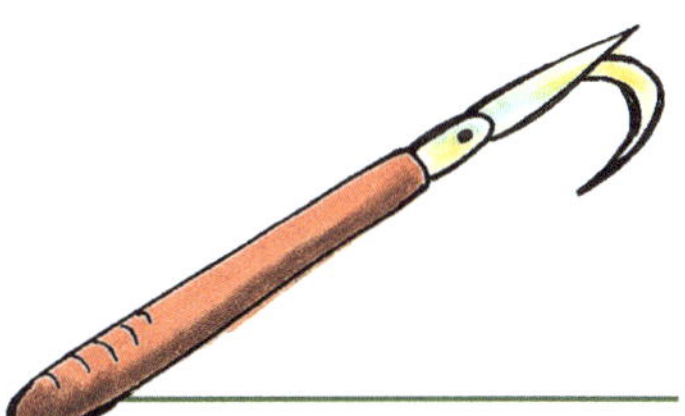

Enterhaken

Die Piraten waren bekannt für fröhliche Feste. Genügend zu essen gab es nur an Land. Dort schmausten sie, sangen und tanzten. So vergaßen sie für eine Weile das harte Leben auf hoher See. Beliebt war auch ein sprechender Papagei an Bord. Er vertrieb der Mannschaft die Langeweile. Gewaltige Stürme auf dem Meer bedeuteten eine große Gefahr für die Männer an Bord. Riesige Wellen donnerten gegen das Schiff und wirbelten die Piraten durcheinander. Wenn das Unwetter vorüber war, machten sich alle daran, die Schäden zu beseitigen. Jeder Pirat musste mithelfen, damit sie schnell weitersegeln konnten. Die meisten Piraten wählten eine Insel, die sie zu ihrem Stützpunkt machten. Von hier aus stachen sie in See und kehrten mit Schätzen zurück. Die Piratenflagge konnte man schon von Weitem sehen und ihre Schiffe waren gefürchtet. Zu seiner Verteidigung hatte jeder Pirat einen Säbel und so mancher Pirat hatte aufgrund eines verlorenen Kampfes ein Holzbein. Der Kapitän besaß sogar eine Pistole. Zuerst feuerte man mit Kanonen auf das andere Schiff. Später stürmten die Piraten das Schiff und nahmen es ein. Der Enterhaken half ihnen dabei, an Schiffswänden hochzuklettern.

Daniela Pohl, Laura Leintz

Lass dich beim Lernen nicht von anderen ablenken!

1. Richtig ☑ oder falsch ☒?

a) Die Piraten waren Händler. ☐
b) Die Piraten plünderten Handelsschiffe oder Küstenstädte. ☐
c) Die Piraten setzten heimlich mit Booten zum Gegner über. ☐
d) Die Piraten schwammen zum Gegner. ☐
e) Die Piraten verschenkten ihre Beute. ☐
f) Die Piraten verrieten allen die Lage des Verstecks. ☐
g) Die Piraten waren bekannt für fröhliche Feste. ☐
h) Die meisten Piraten wählten eine Insel, die sie zu ihrem Stützpunkt machten. ☐
i) Gewaltige Stürme bedeuteten keine Gefahr für die Piraten. ☐
j) Jeder Pirat musste mithelfen, die Schäden an Bord zu beseitigen. ☐
k) So mancher Pirat hatte aufgrund eines gewonnenen Kampfes ein Holzbein. ☐
l) Jeder Pirat besaß eine Pistole. ☐
m) Der Enterhaken half ihnen, an Schiffswänden hochzuklettern. ☐

Die Fragen, die du dir zum Text überlegst, wird wahrscheinlich auch dein Lehrer oder deine Lehrerin stellen.

2. Hier sind Sätze aus der Geschichte. Finde die passenden Fragen. Das Fragewort ist vorgegeben.

a) Piraten waren Seeräuber.
Wer ______________________________

b) Piraten fuhren über die Weltmeere und plünderten Handelsschiffe oder Küstenstädte.
Wen ______________________________

c) Die Piraten versteckten ihre Beute.
Was ______________________________

d) Um das Versteck wiederzufinden, zeichneten sie eine Schatzkarte.
Was ______________________________

e) Die Piraten waren bekannt für fröhliche Feste.
Wofür ______________________________

3. Formuliere vier weitere beliebige W-Fragen zum Text. Verwende dabei die W-Fragewörter wer, was, wo, wie, wann, warum …

____

____

____

____

Durch die Fragen lernst du viel und bereitest dich gleich gut auf eine schriftliche Wiederholung vor.

4. Schaffst du diesen Lückentext?

Mit einer ______________ sah ein Pirat gefährlich aus. Die ______________ konnte man schon von Weitem sehen. Ein sprechender ______________ vertrieb der Mannschaft die Langeweile an Bord. Mancher Pirat hatte aufgrund eines verlorenen Kampfes ein ______________. Mit der ______________ wurde auf andere Schiffe gefeuert. Zu seiner Verteidigung hatte jeder Pirat einen ______________. Der Kapitän besaß sogar eine ______________. Um das ______________ wiederzufinden, brauchte man eine Schatzkarte.

Übung 3

Fasse nach dem Lesen noch einmal kurz zusammen, was du gelesen hast! Dadurch prägt sich das Gelesene viel besser ein.

Vor dem Lesen:

A. Wozu dient dieser Text?

a) zur Information ☐ b) zur Unterhaltung ☐

B. Welche Lesestrategie wirst du hier anwenden?

a) Text überfliegen ☐ b) Text genau lesen ☐

C. Was ist dein Leseziel?

Die Mikrowelle

Seit Anfang der Sechzigerjahre werden Mikrowellengeräte verkauft, heute sind sie bereits in fast jedem Haushalt vorhanden.

Mikrowellengeräte enthalten eine Magnetfeldröhre, ein sogenanntes Magnetron, das die Mikrowellen erzeugt, die anschließend in den Garraum geleitet werden.

Die Mikrowellen erwärmen das Wasser in den Speisen und dadurch wird das Essen heiß. Der Drehteller und regelmäßiges Umrühren garantieren eine bessere Wärmeverteilung.

Wiederhole den Lernstoff noch einmal vor dem Schlafengehen! Dadurch merkst du ihn dir besser.

Was wird erklärt? Fasse in einem Satz zusammen.

____

____

____

Übung 4

Ein Interview[1] mit einem Astronauten[2]

Im All führen Astronauten wissenschaftliche Experimente durch und überprüfen die Maschinen an Bord. Aber wie essen sie oder gehen auf die Toilette? Das Magazin P.M. hat einen echten Astronauten befragt. Reinhold Ewald war fast drei Wochen lang auf der Raumstation MIR.

P.M. Willi wills wissen:

Wie sind Sie Astronaut geworden?

Reinhold Ewald: Ich hatte mein Physikstudium beendet und eine Anzeige gelesen, in der Astronauten gesucht wurden. Ich habe dann an einer Reihe von Auswahlverfahren teilgenommen: Testrunden und Gesundheitschecks.

Was haben Sie mitgenommen ins All?

Reinhold Ewald: Andenken an meine Familie. Außerdem Seidentücher, die schön herumschwebten.

Was machen Astronauten in ihrer Freizeit im Weltraum?

Viele Astronauten haben auch eine eigene Webseite. Sie können damit Nachrichten empfangen, Musik anhören und DVDs ansehen. Sport machen muss man auch, etwa Laufen auf einem Laufband. Aber das ist mehr Disziplin als Freude.

Wie schlafen Sie in der Schwerelosigkeit?

Jeder hat eine kleine Kabine. Dort hängt ein Schlafsack an der Wand, damit er nicht wegfliegt. An die Wand gebunden schläft man dann auch. Meist so, dass man einen Blick aus dem Fenster hat, um die tolle Aussicht zu bewundern.

[1] Interview ('intɒvju:) = eine Befragung durch Fragesteller (sogenannte Interviewer) mit dem Ziel, persönliche Informationen oder Sachverhalte zu ermitteln

[2] Astronaut = Raumfahrer

Wie geht man auf die Toilette?

Das „Klo" sieht aus wie ein großer Staubsauger mit einem Trichter dran, passend für Frauen und Männer. Der Urin wird abgesaugt und in einem Container aufbewahrt – den holt das nächste Transportschiff, das die Raumstation besucht, wieder ab.

Juhu! Im Weltraum kann man wunderbar durch die Luft schweben!

Gab es auch gefährliche Situationen bei Ihrer Raumfahrt?

An Bord brannte es plötzlich. Eine Sauerstoffflasche fing Feuer. Wir mussten Gasmasken tragen und brauchten einige Stunden, um das Feuer zu löschen. Danach war dann die ganze Atmosphäre an Bord verqualmt, denn man kann ja nicht einfach die Fenster aufreißen und lüften! So ein Vorfall schweißt zusammen.

Was war Ihr lustigstes Erlebnis an Bord?

Am Anfang war das Essen natürlich eine Herausforderung. Wenn zum Beispiel mal ein Reiskorn davonschwebte, war das schon ziemlich lustig; vor allem, wenn man es auffangen wollte. Zu Beginn war man auch ziemlich ungelenk unterwegs und hatte seine Not zu bremsen. Man schwebte dann schon mal gegen einen Kollegen.

Was essen Astronauten?

Dem Essen, das mit ins All kommt, wird zuvor das Wasser entzogen – so spart man Gewicht ein. Das Essen sieht dann aus wie Trockenpulver in einer Vakuumverpackung. Durch ein Ventil spritzt man auf der Raumstation heißes oder kaltes Wasser hinein und macht das Ventil wieder zu. Nach zehn Minuten schneidet man die andere Seite auf und kann sogar mit einer Gabel oder einem Löffel essen. Die meisten Gerichte haben außen Sauce oder Gelatine und haften deshalb gut am Besteck. Es gibt auch noch eine andere Art, nämlich Essen in Konservendosen. Die werden zwischen heißen Platten erhitzt.

Und schmeckt das?

Das Essen ist recht fade, da es vorsichtig gewürzt wird. Es ist sehr weich und nicht frisch. Man sehnt sich dann schon nach etwas Prickelndem und Knackigem.

Tine Fassomytakis

1. Was hast du dir gemerkt? Fasse das Gelesene in eigenen Worten zusammen.

____

____

____

2. Beantworte nun die Fragen zum Text:

a) Müssen Astronauten Sport machen?
b) Wie schlafen Astronauten?
c) Wie sieht die Toilette aus?
d) Wie sieht das Essen aus, das sie im All bekommen?
e) Kann man das Essen auch mit einer Gabel oder einem Löffel essen?
f) Warum wird dem Essen das Wasser entzogen?

3. Was ist ein Vakuum?
Suche die Antwort im Internet.

Suchmaschine: www.fragfinn.de
Suchbegriff: Vakuum

Suche nähere Informationen zur Raumstation im Internet.

Suchmaschine: www.fragfinn.de
Suchbegriff: Raumstation MIR

4. Was weißt du über die Schwerelosigkeit?
Suche Informationen im Internet.

Suchmaschine: www.fragfinn.de
Suchbegriff: Schwerelosigkeit

Übung 5

Der Zugfahrplan

Hamburg Altona – München Hauptbahnhof

an	ab	Bahnhof
	7.09	Hamburg Altona
7.15	7.17	Hamburg Dammtor
7.22	7.24	Hamburg Hauptbahnhof
8.35	8.41	Hannover Hauptbahnhof
9.13	9.17	Göttingen
9.32	9.35	Kassel-Wilhelmshöhe
9.58	10.02	Fulda
10.41	10.43	Hanau Hauptbahnhof
11.00	11.04	Frankfurt (Main) Hauptbahnhof
11.18	11.22	Frankfurt (Main) Flughafen Fernbahnhof
11.54	11.57	Mannheim Hauptbahnhof
12.35	13.03	Stuttgart Hauptbahnhof
14.04	14.06	Ulm Hauptbahnhof
14.53	14.55	Augsburg Hauptbahnhof
15.21	15.23	München Pasing
15.33		München Hauptbahnhof

1. Sieh dir den Fahrplan an.

a) Von wo fährt der Zug ab?

b) Wo fährt der Zug hin? Was ist die Endstation?

c) Um welche Uhrzeit fährt der Zug vom Hamburger Hauptbahnhof ab?

d) Wann kommt der Zug in Hanau am Hauptbahnhof an und wann fährt er wieder ab?

e) Wann ist der Zug in Stuttgart am Hauptbahnhof?

f) Wann kommt der Zug in München am Hauptbahnhof an?

2. Hier sind die Stationen durcheinandergeraten. Kannst du sie in die richtige Reihenfolge bringen? Trag die Nummern in die Felder ein. Du kannst auch die Seite kopieren lassen, die Streifen ausschneiden und sie dann richtig ordnen.

Station Nr.	an	ab	Bahnhof
		7.09	Hamburg Altona
	11.54	11.57	Mannheim Hauptbahnhof
	14.04	14.06	Ulm Hauptbahnhof
	9.58	10.02	Fulda
	15.21	15.23	München Pasing
	11.00	11.04	Frankfurt (Main) Hauptbahnhof
	9.13	9.17	Göttingen
	8.35	8.41	Hannover Hauptbahnhof
	15.33		München Hauptbahnhof

Übung 6

Wozu Markieren?

Durch das Markieren springen wichtige Stellen eines Textes ins Auge. Beim neuerlichen Lesen des Textes brauchst du dann nur noch die markierten Wörter zu lesen, um dich wieder an den Textinhalt zu erinnern.

Wichtige Stichworte in einem Text nennt man auch Schlüsselwörter. Sie öffnen nämlich wie ein Schlüssel die Tür zum Speicherplatz im Gehirn. Liest du das Wort, so fallen dir alle dazugehörigen Informationen ein.

Markierungsregeln

1. Lies den gesamten Text. Markiere erst beim zweiten Lesedurchgang.
2. Unterstreiche zunächst nur mit Bleistift, der lässt sich leicht ausradieren.
3. Markiere nur einzelne Schlüsselwörter und keine ganzen Sätze. Die Details „hängen“ an den Schlüsselwörtern.
4. Überfliege die unterstrichenen Textstellen nochmals. Sind es wichtige Schlüsselwörter? Markiere erst dann mit einem Leuchtstift.
5. Wenn dir die wichtigen Infos beim Lesen der Schlüsselwörter wieder einfallen, dann hast du deine „Schlüssel“ gut ausgesucht.

Was versteht man unter einem Schlüsselwort?
Schlüsselwörter sind sinntragende Wörter. Durch sie versteht man den Inhalt und den Sinn eines Textes. Liest man später nur noch die markierten Schlüsselwörter, so versteht man den gesamten Inhalt.

Wie erkennt man Schlüsselwörter?
Schlüsselwörter sind die aussagekräftigen Wörter in einem Satz. Oft sind sie hervorgehoben. Ihr Gegenteil sind die Füllwörter wie „um“, „bei“, „und“ …

Wir vergleichen das Auffinden und Markieren der Schlüsselwörter mit dem Telegrammstil. Dabei schreibt man nur das Notwendigste. Man achtet darauf, dass man die wichtigsten Informationen mitteilt. Beim Markieren ist es genauso. Man markiert so wenig Worte wie möglich, ohne dass die wichtigen Informationen verloren gehen.

Wie weiß man, ob man die wichtigen Wörter markiert hat? Wenn man nur die markierten Schlüsselwörter im Text liest, dann muss man verstehen, worum es im Text geht.

Indem du einen Text sinnvoll markierst, lernst du schon sehr viel.

Wieso sollte man keine ganzen Sätze markieren?
Der Sinn liegt darin, Wichtiges hervorzuheben. Markiert man ganze Sätze, wird es wieder unübersichtlich. Deshalb ist es besser, weniger zu markieren.
Dazu ein Beispiel:
Im Winter steht die Sonne am niedrigsten.

Nun markieren wir die Schlüsselwörter, also die Wörter, die am aussagekräftigsten sind.

Im Winter steht die Sonne am niedrigsten.

Du könntest nun in Versuchung kommen, „steht“ auch zu markieren. Aber wenn du die Schlüsselwörter „Winter“, „Sonne“ und „niedrigsten“ liest, verstehst du schon, worum es geht. Du brauchst „steht“ nicht, um den Sinn zu erfassen. Die fehlenden Wörter werden nämlich von deinem Gehirn ergänzt.

Probiere es nun selbst und markiere die Schlüsselwörter im Text, aber erst beim zweiten Lesedurchgang.

Dezember

Der Dezember ist ein ereignisreicher Monat. Die Tage sind kurz und die Nächte lang. Fast in jedem Jahr fällt in diesem Monat Schnee. Aber egal, ob Schnee fällt oder nicht, es ist auf jeden Fall kalt und die Pflanzen und Tiere ruhen. Am 6. Dezember freuen sich die Kinder auf den Nikolaus. Am 24. Dezember feiern wir das Weihnachtsfest und am 31. Dezember klingt mit Silvester das Jahr aus.

Übung 7

Brot

Brot ist eines der Grundnahrungsmittel des Menschen. Es enthält je nach Sorte mehr oder weniger viele Stoffe, die wir brauchen, um gesund zu bleiben. Es gibt viele verschiedene Brotsorten, wie z. B. Weißbrot, Mischbrot, Roggenbrot, Dinkelbrot, Vollkornbrot und noch viele andere mehr. Am gesündesten ist das Vollkornbrot. Zur Herstellung dieses Brotes wird Vollkornmehl verwendet. Vollkornmehl entsteht, indem beim Mahlvorgang alle Teile des Kornes, also auch die Randschichten, zu Mehl verarbeitet werden.

Das Gegenteil zum Vollkornmehl ist das Weißmehl. Hier werden beim Mahlvorgang die Teile des Kornes getrennt. Das Korn wird nur kurz gemahlen und die Randschichten, die harten und groben Teile des Kornes, werden ausgesiebt. So entsteht das weiße Mehl. Wir sagen auch Auszugsmehl dazu. Aus diesem Mehl wird Weißbrot gebacken.

1. Unterstreiche zunächst mit Bleistift die aussagekräftigen und wichtigen Wörter (= Schlüsselwörter) im Text.
2. Lies jetzt nur die Schlüsselwörter. Kannst du den Inhalt des gesamten Textes verstehen? Gibt es Wörter, die du nicht hättest unterstreichen müssen, weil sie für das Verständnis unwichtig sind?
3. Markiere dann die wichtigen Wörter mit einem Leuchtstift und schreibe sie auf den Blattrand.

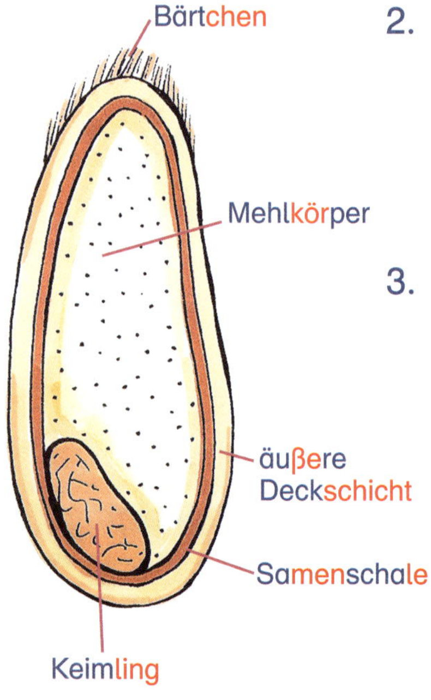

Übung 8

Obst

Wenn wir im Supermarkt bei der Obstabteilung vorbeikommen, gibt es viel zu sehen. Die Früchte leuchten uns in Rot, Gelb, Grün und Orange entgegen. Obst ist meist saftig und süß, deshalb mögen es auch fast alle gern. Es ist die bunte Vielfalt, die uns anspricht und die uns sofort das Wasser im Mund zusammenlaufen lässt. Bananen, Äpfel, Birnen und Weintrauben sind beliebte Obstsorten, genauso wie Mandarinen, Orangen und Pfirsiche. Es ist für jeden Geschmack etwas dabei. Obst wird in verschiedene Obstsorten eingeteilt. Die bekanntesten sind Beerenobst, Kernobst, Steinobst und Südfrüchte. Zum Beerenobst gehören z. B. Heidelbeeren und Johannisbeeren. Zum Kernobst gehören z. B. Äpfel und Birnen. Als Steinobst bezeichnen wir z. B. Kirschen und Pfirsiche und zu den Südfrüchten zählen Bananen und Orangen.

1. Unterstreiche beim zweiten Lesedurchgang mit Bleistift die Schlüsselwörter im Text. Achtung! Unterstreiche nur Stichworte – keine ganzen Sätze!
2. Lies jetzt nur die Schlüsselwörter. Gibt es Wörter, die du nicht hättest unterstreichen müssen, weil sie für das Verständnis des Textes unnötig sind?
3. Markiere dann nur die wichtigen Wörter mit einem Leuchtstift und schreibe sie auf den Blattrand.

Übung 9

Informationen, die in Texten verpackt sind, lernst du meist leichter, wenn du sie übersichtlich darstellst.

Nun lernst du eine Methode kennen, Textinhalte übersichtlich darzustellen. Dazu schreibt man in die Mitte eines Blattes das zentrale Thema, um das es geht. Alles, was zu diesem Thema dazugehört, fügt man in Form von Ästen daran. Du kannst diese auch beliebig erweitern. So entsteht eine Art Landkarte für das Gedächtnis.

Obst – Übersicht

Obst wird in verschiedene Obstsorten eingeteilt. Die bekanntesten sind Beerenobst, Kernobst, Steinobst und Südfrüchte. Zum Beerenobst gehören z. B. Heidelbeeren und Johannisbeeren. Zum Kernobst gehören z. B. Äpfel und Birnen. Als Steinobst bezeichnen wir z. B. Kirschen und Pfirsiche und zu den Südfrüchten zählen Bananen und Orangen.

Markiere den Text und stelle die Übersicht fertig.
In der Mitte steht das zentrale Thema, in unserem Beispiel also Obstsorten. Alles, was zum Thema gehört, fügst du in Form von Ästen an.

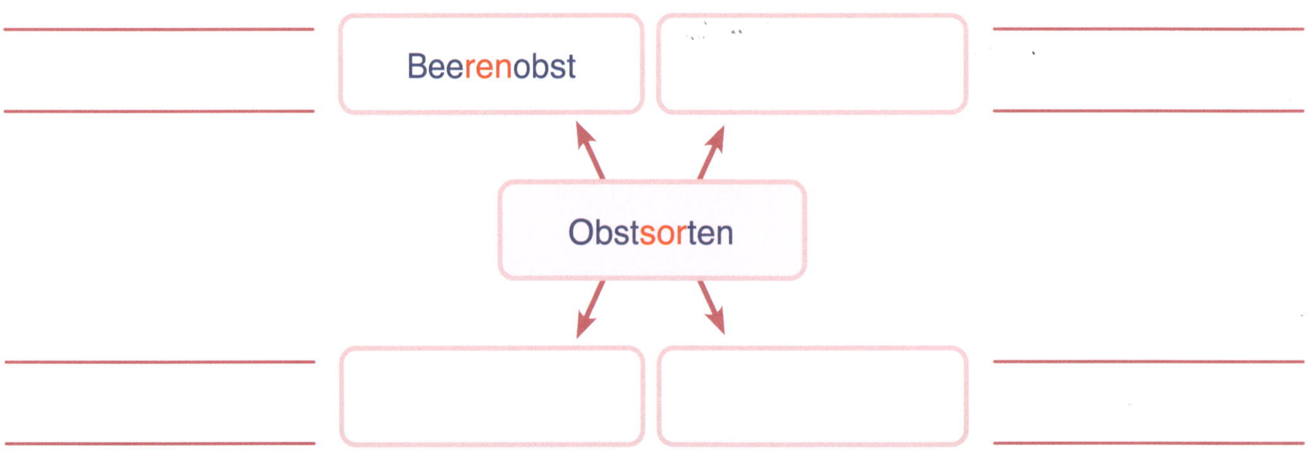

Übung 1

Fernsehen

Benjamin hockt schon seit Stunden vor dem Fernseher. Zum Glück hat er eine Fernbedienung, so kann er bequem durch sämtliche Programme zappen[1]. Draußen scheint die Sonne. Es ist ein warmer Frühlingstag, und die ersten Vögel zwitschern bereits in den Bäumen. „Gehst du mit mir ein bisschen spielen nach draußen?“, fragt sein kleiner Bruder Stefan. Doch Benjamin hat keine Lust. Er sitzt lieber weiter vor dem Fernseher. „Lass mich in Ruhe“, sagt er gereizt.

Ändere die Leseperspektive, indem du dich in die handelnde Person versetzt.

Benjamin fühlt sich ganz matt. Er kann sich nicht dazu aufraffen, etwas zu tun. Das kommt daher, weil er schon so lange in den Fernseher starrt. Benjamin liebt es fernzusehen, ja selbst die Werbung mag er gerne. Da kommt der Vater nach Hause. „Du sitzt schon wieder vor dem Fernseher?“, sagt er streng. „Darüber unterhalten wir uns noch!“

Benjamin dreht schnell den Fernseher ab und verschwindet schuldbewusst nach draußen. Stefan hat in der Zwischenzeit andere Freunde gefunden, mit denen er Fußball spielt. Benjamin sieht eine Weile zu und fragt dann gelangweilt: „Darf ich auch mitspielen?“ „Klar“, sagen alle anderen.

Benjamin muss sich ein bisschen überwinden, aber dann fängt das Spiel an, ihm Freude zu machen. Er spielt so eifrig, dass er gar nicht merkt, wie schnell die Zeit vergeht. Er schießt sogar einige Tore und ist mächtig stolz auf seine Leistung. Nach dem Spiel fühlt er sich großartig. Nun könnte er vor lauter Kraft Bäume ausreißen.

[1] *zappen = zwischen TV-Programmen hin- und herschalten*

Beantworte nun die Fragen zum Text.

1. Was bedeutet „durch Programme zappen“?

a) die Programme löschen ☐
b) zwischen den Programmen hin- und herschalten ☐
c) ein Programm nach vorne spielen ☐

2. Was bedeutet „sich überwinden“?

a) etwas mit Begeisterung tun ☐
b) sich aufraffen, etwas tun, was man eigentlich nicht tun will ☐
c) etwas über sich ergehen lassen ☐

3. Wie sieht dein Fernsehkonsum aus?
Wie viele Stunden sitzt du pro Tag vor dem Fernseher?

a) bis eine Stunde ☐
b) ein bis zwei Stunden ☐
c) mehr als zwei Stunden ☐

4. Welche Filme siehst du dir am liebsten an?
Schreibe deine Lieblingssendungen auf.

a) Zeichentrickfilme: ____________________

b) Serien: ____________________

c) Wissensmagazine wie z. B. „Galileo“:

____

d) Sonstiges: ____________________

5. Ermittelt nun ein Klassenergebnis.

Schreibt die Fragen 3 und 4 an die Tafel.
Jedes Kind sagt nun, was es angekreuzt hat.
Ein Kind macht jeweils Striche an der Tafel.
Zum Schluss könnt ihr das Ergebnis abzählen.

Das sieht dann z. B. so aus:

Fernsehkonsum:

a) bis eine Stunde: III
b) ein bis zwei Stunden: 𝍸
c) mehr als zwei Stunden: III

Lieblingssendungen:

a) Zeichentrickfilme: ______
b) Serien: ______
c) Wissensmagazine wie z. B. „Galileo“: ______
d) Sonstiges: ______

Sprich langsam, laut und deutlich, damit dich jeder gut verstehen kann!

Sieh einer Person in die Augen, wenn du mit ihr redest. Lass deinen Blick in die Runde schweifen, wenn du mit mehreren sprichst.

6. Setzt euch in einen Stuhlkreis und sprecht über die folgenden Fragen:

a) Was glaubst du, wie das Gespräch zwischen Benjamin und seinem Vater verlaufen wird?
b) Was wird wohl Benjamins Vater sagen?
c) Was würden deine Eltern sagen?
d) Was ist gut am Fernsehen?
e) Was wirkt sich negativ aus?
f) Wie wirkt sich das Fernsehen auf die Gespräche in der Familie aus?

7. Zu viel Fernsehen wirkt sich auch auf deine Gesundheit aus.

Suche im Internet:
Suchmaschine: www.helles-koepfchen.de
Suchbegriffe: Fernsehen, Gesundheit
Was findest du heraus?

____

____

____

Übung 2

Kläre Streitigkeiten, bevor du zu lernen beginnst. Sonst kannst du dich schlecht konzentrieren.

Alle streiten

Magdalena und Martin sind Geschwister. Und wie das bei Geschwistern häufig so ist, streiten auch sie recht oft.

„Du bist so gemein!“, schreit Magdalena außer sich. „Du hast mir mein Tagebuch gestohlen!“

„Aber nur, weil du meinen Teddybären in die Schultasche gesteckt hast. Und ich musste ihn in der Schule vor allen Kindern und dem Lehrer rausnehmen!“, brüllt Martin zurück. „Das war soooo peinlich! Ich habe mich nur gerächt!“ Martin steht mit gespreizten Beinen wie ein wütender Gockelhahn vor Magdalena.

Die Hände stemmt er in die Hüften, sein Blick ist finster. So versucht er möglichst furchteinflößend auf seine Schwester zu wirken. Martin hat jedoch Pech! Er ist nämlich jünger und kleiner als seine Schwester. Und weil Magdalena so unglaublich wütend ist, stürzt sie sich, mit knallrotem Gesicht und geballten Fäusten, auf ihn.

Martin wehrt sich aus Leibeskräften. Er strampelt und schlägt wild um sich, doch leider ist die Sache aussichtslos. Magdalena ist nämlich nicht nur größer, sie ist auch noch um einiges schwerer als Martin. Martin bleibt schon fast die Luft weg, sodass sein ohnehin schon roter Kopf noch ein bisschen dunkelroter wird.

Im Nebenzimmer sitzen die Eltern von Magdalena und Martin vor dem Fernseher. „Ich will den Krimi sehen!“, fordert der Vater. „Und ich will mir das Wissensmagazin ansehen“, verlangt die Mutter. „Wir schauen uns sowieso immer nur die Programme an, die du sehen willst! Heute geht es mal nach meinem Kopf!“, sagt sie und schnappt sich schnell die Fernbedienung, um auf den richtigen Kanal zu schalten.

„Das stimmt doch gar nicht!“, verteidigt sich der Vater. „Erst vorgestern haben wir uns den Film angesehen, den du sehen wolltest!“

„Pah, dass ich nicht lache!“, kontert die Mutter wütend. „Du hast während des ganzen Filmes wie verrückt hin- und hergeschaltet, sodass ich kaum der Handlung folgen konnte! Wir haben uns praktisch zehn Filme gleichzeitig angeschaut!“ Und weil sie sich so maßlos ärgert, brüllt sie jetzt schon ziemlich laut.

„Schrei mich doch nicht so an!“, dröhnt der Vater zurück. „Ich kann doch nichts dafür, dass immer die blöde Werbung dazwischenkommt!“

Im Haus ist es nun schon ziemlich laut. Im Vorraum wohnen die Haustiere Charly, der Hund, und Molly, die Katze. Molly schläft in ihrem Körbchen. Charly kann nicht schlafen, weil es so laut ist, und er ärgert sich darüber. Wenn sich Charly ärgert, dann fängt er an zu bellen. So laut, dass Molly vor Schreck erwacht. „Bist du verrückt? Hör auf, so laut zu bellen!“, faucht sie ihn an. „Ich habe mich zu Tode erschreckt und nun kann ich nicht mehr schlafen!“

„Na und! Das ist mir doch egal!“, bellt er schnippisch zurück. Molly kann sich das nicht gefallen lassen. Mit einem Satz springt sie auf ihn und zeigt ihm ihre Krallen.

Da läutet es an der Tür. Oma kommt auf einen Sprung vorbei …

Beantworte nun die folgenden Fragen ohne nachzulesen.

1. Wie heißen die Geschwister?

a) Magdalena und Franz ☐
b) Margit und Martin ☐
c) Magdalena und Martin ☐

2. Was hat Martin gemacht?

a) das Tagebuch von Magdalena verschenkt ☐
b) das Tagebuch von Magdalena gestohlen ☐
c) das Tagebuch von Magdalena vergraben ☐

3. Was hat Magdalena gemacht?

a) den Teddy in Martins Schultasche gesteckt ☐
b) den Teddy in Martins Schuhe gesteckt ☐
c) den Teddy versteckt ☐

4. Martin ist …

a) jünger und kleiner als seine Schwester. ☐
b) älter und größer als seine Schwester. ☐
c) älter und kleiner als seine Schwester. ☐

5. Warum streiten die Eltern?

a) wegen des Fernsehens ☐
b) wegen der Schule ☐
c) wegen des Abendessens ☐

6. Im Vorraum wohnen …

a) Charly, der Kater, und Molly, die Hündin. ☐
b) Charly, der Hund, und Molly, die Katze. ☐
c) Chips, der Hund, und Chaps, die Katze. ☐

7. Wer kommt auf einen Sprung vorbei?

a) Opa ▢
b) Oma ▢
c) die Nachbarin ▢

8. Findet gemeinsam Antworten zu den folgenden Fragen:

a) Warum streiten wir überhaupt?
b) Wie, glaubst du, könnten sich Magdalena und Martin wieder versöhnen? Sucht gemeinsam nach guten Lösungen. Sowohl Magdalena als auch Martin sollen mit der Lösung zufrieden sein.

c) Wie glaubst du, könnten sich die Eltern einig werden? Sucht gemeinsam nach Lösungen. Beide Elternteile sollen mit der Lösung zufrieden sein.
d) Wie wirkt sich ein Streit auf Unbeteiligte aus? Meinst du, Oma merkt etwas vom Streit der Eltern und der Kinder? Wird sich Oma wohlfühlen?
e) Was ist ein kleiner Streit? Was ist ein großer Streit?
f) Wie verhältst du dich bei einem Streit?

9. Erarbeitet gemeinsam 5 Streitregeln und hängt sie in der Klasse auf, damit Streitigkeiten, Konflikte und Auseinandersetzungen nicht gewalttätig und verletzend für andere verlaufen.

Beispiele dazu findest du im Internet.
Suchmaschine: www.helles-koepfchen.de
Suchbegriff: Streitregeln

Abschluss-Lesetest

Mit dem folgenden Lesetest kannst du überprüfen, wie gut du nun, nachdem du das Lesen intensiv trainiert hast, Texte verstehen kannst.

Aufgabenstellung:

- Der Test besteht aus drei Teilaufgaben.
- Löse alle drei Aufgaben und vergleiche anschließend deine Ergebnisse mit den Lösungen auf Seite 114.
- Je mehr richtige Antworten du hast, desto besser hast du die Texte verstanden.

Aufgabe 1:

Lies dir jeden Satz durch und stelle fest, ob die Aussage richtig **R** oder falsch **F** ist. Kreise die jeweils zutreffende Aussage ein.

Zeit: 2 Minuten

1)	Viele Menschen reisen mit dem Flugzeug in den Urlaub.	**R**	**F**
2)	Ein Wolkenkratzer ist ein sehr hohes Haus mit vielen Stockwerken.	**R**	**F**
3)	Ein Fischer füttert im Winter die Rehe.	**R**	**F**
4)	Bei einer Villa handelt es sich um ein Haus ohne Dach.	**R**	**F**
5)	Die vier Himmelsrichtungen lauten: Norden, Süden, Osten und Wüste.	**R**	**F**
6)	Die Kinder gehen in die Schule, um dort zu schlafen.	**R**	**F**
7)	Ausreichend Schlaf ist wichtig für die Gesundheit.	**R**	**F**
8)	Das Brandenburger Tor ist eines der Wahrzeichen von Berlin.	**R**	**F**
9)	Deutschland hat 10 Bundesländer.	**R**	**F**
10)	Um einen Computer bedienen zu können, muss man sehr sportlich sein.	**R**	**F**
11)	Hunde sind sehr treu und zählen zu den besten Freunden des Menschen.	**R**	**F**
12)	Wer eine Katzenallergie hat, sollte sich unbedingt eine Katze anschaffen.	**R**	**F**
13)	Den Rasen mäht man mit einem Rasenmäher.	**R**	**F**

14) Die vier Jahreszeiten lauten: Winter, Herbst, Sommer und fröhliche Zeit. R F

15) Karotten wachsen auf Bäumen. R F

16) Ein Buch, in dem man nachschlagen kann, wie man Wörter richtig schreibt, nennt man Wörterbuch. R F

17) Es ist ungesund, wenn man lange vor dem Fernseher sitzt. R F

18) Die meisten Kinder mögen gerne Eis. R F

19) Kaffee ist ein gesundes Getränk für Säuglinge. R F

20) Unsere Währung ist der Euro. R F

Aufgabe 2:

Beantworte die Fragen zum Text.

Zeit: 5 Minuten

Der Esel und die Ziege

Ein Bauer hatte einen Esel und eine Ziege. Weil nun der Esel sehr viel arbeiten und große Lasten tragen musste, erhielt er ein reichlicheres und besseres Futter als die Ziege. Diese beneidete den Esel, und um ihn um die bessere Kost zu bringen, sprach sie eines Tages zu ihm: „Höre, lieber Freund! Oft schon habe ich dich von Herzen bedauert, dass du Tag für Tag die schwersten Lasten tragen und von morgens bis abends arbeiten musst; ich möchte dir wohl einen guten Rat geben." „Warum nicht?", sagte der Esel, „ich bitte dich sogar darum!"

„Nun, so höre: Wenn du an eine Grube kommst, so stürze dich hinein, stelle dich verletzt, und dann wirst du längere Zeit Ruhe haben und nichts arbeiten müssen." Dem Esel schien dies ein ganz guter Vorschlag zu sein, und kaum war er am nächsten Tag mit seiner Last bei einer Grube angekommen, als er auch schon den Rat befolgte. Er trat fehl und stürzte in die Grube. Aber das hatte er sich nicht gedacht! Halb tot lag er da und dass er sich kein Bein gebrochen hatte, war ein Glück. Ganz geschunden wurde er herausgeholt und konnte sich kaum noch nach Hause schleppen. Sein Herr hatte nichts Eiligeres zu tun, als ihn zu einem Tierarzt zu schicken, der dann verordnete: „Der Kranke soll eine frische Ziegenlunge einnehmen." Da dem Herrn der Esel mehr wert war als die Ziege, ließ er diese sofort schlachten, um den Esel zu retten. So büßte die Ziege für ihren bösen Rat mit dem Leben. Die Folgen des Neides werden dem Neider oft selbst zum Verderben.

Beantworte nun die Fragen ohne nachzulesen.

a) Warum beneidete die Ziege den Esel?

____

b) Welchen Rat gab die Ziege dem Esel?

____

c) Was verordnete der Tierarzt dem kranken Esel?

____

d) Was passierte mit der Ziege?

____

Aufgabe 3:

Setze die fehlenden Wörter richtig ein.

Zeit: 8 Minuten

Vogelspinnenarten, Vogelspinnen, Nahrung, Wasser,
Tasthaare, Wespenstich, Beute, Stärke, Körperteile, Todesfälle

Vogelspinnen

Die Familie der ________________ umfasst über 800 bisher bekannte Arten. Die kleinsten Arten erreichen eine Körperlänge von weniger als 2 cm, die größten über 13 cm. Spinnen häuten sich, um wachsen zu können. Dabei werden Haare, Augen, Lungen, Geschlechtsorgane und vieles mehr komplett erneuert. Sogar fehlende ________________, wie Beinglieder oder auch ganze Beine, werden ersetzt. Erwachsene, gut genährte Vogelspinnen können mehr als 1 Jahr ohne

_______________ auskommen, verdursten jedoch bei trockener Luft und fehlendem _______________ innerhalb weniger Tage.

Als Nahrung werden hauptsächlich Insekten, manchmal auch andere Spinnen und kleinere Wirbeltiere, genommen. Die Lebenserwartung ist von Art und Geschlecht abhängig. Weibchen werden, je nach Art, 2 bis 30 Jahre alt, Männchen 1 bis 7 Jahre. Hauptsinnesorgane sind _______________, hauptsächlich an den Beinen, die feinste Luftbewegungen und Bodenerschütterungen wahrnehmen. Anhand solcher Eindrücke kann die Spinne die Richtung, Entfernung, Größe und sogar die Art der _______________ ermitteln. Alle Vogelspinnen haben Gifte, die zur Lähmung und Verdauung der Beute eingesetzt werden. Die Zusammensetzung und _______________ des Giftes ist von Art zu Art unterschiedlich. Die Giftwirkung auf den Menschen ist je nach Art wirkungslos, manchmal sehr schmerzhaft, und manchmal treten auch Beschwerden wie Fieber und Krämpfe auf. Schwerwiegende gesundheltliche Schäden oder gar _______________ durch Vogelspinnen sind allerdings nicht bekannt. Die überwiegende Anzahl der _______________ ist für den Menschen nicht gefährlicher als ein Bienen- oder _______________.

Nun vergleiche mit den Lösungen auf Seite 114 und trage deine Ergebnisse hier ein.

Aufgabe 1: Anzahl richtiger Antworten: _______________ /20

Aufgabe 2: Anzahl richtiger Antworten: _______________ /4

Aufgabe 3: Anzahl der richtig eingesetzten Wörter: _______________ /10

LÖSUNGEN

Aufgabe 1: Richtig oder falsch

1. (R) F	6. R (F)	11. (R) F	16. (R) F
2. (R) F	7. (R) F	12. R (F)	17. (R) F
3. R (F)	8. (R) F	13. (R) F	18. (R) F
4. R (F)	9. R (F)	14. R (F)	19. R (F)
5. R (F)	10. R (F)	15. R (F)	20. (R) F

Aufgabe 2: Fragen zum Text beantworten

a) weil er reichlicheres und besseres Futter bekam
b) Er solle sich in eine Grube stürzen, damit er eine Zeit lang nicht mehr arbeiten muss.
c) eine frische Ziegenlunge
d) Der Bauer ließ die Ziege schlachten, damit er ihre Lunge dem Esel geben konnte.

Aufgabe 3: Wörter richtig einsetzen

Die Familie der Vogelspinnen umfasst über 800 bisher bekannte Arten. Die kleinsten Arten erreichen eine Körperlänge von weniger als 2 cm, die größten über 13 cm. Spinnen häuten sich, um wachsen zu können. Dabei werden Haare, Augen, Lungen, Geschlechtsorgane und vieles mehr komplett erneuert. Sogar fehlende Körperteile, wie Beinglieder oder auch ganze Beine, werden ersetzt. Erwachsene, gut genährte Vogelspinnen können mehr als 1 Jahr ohne Nahrung auskommen, verdursten jedoch bei trockener Luft und fehlendem Wasser innerhalb weniger Tage. Als Nahrung werden hauptsächlich Insekten, manchmal auch andere Spinnen und kleinere Wirbeltiere, genommen. Die Lebenserwartung ist von Art und Geschlecht abhängig. Weibchen werden, je nach Art, 2 bis 30 Jahre alt, Männchen 1 bis 7 Jahre. Hauptsinnesorgane sind Tasthaare, hauptsächlich an den Beinen, die feinste Luftbewegungen und Bodenerschütterungen wahrnehmen. Anhand solcher Eindrücke kann die Spinne die Richtung, Entfernung, Größe und sogar die Art der Beute ermitteln. Alle Vogelspinnen haben Gifte, die zur Lähmung und Verdauung der Beute eingesetzt werden. Die Zusammensetzung und Stärke des Giftes ist von Art zu Art unterschiedlich. Die Giftwirkung auf den Menschen ist je nach Art wirkungslos, manchmal sehr schmerzhaft, und manchmal treten auch Beschwerden wie Fieber und Krämpfe auf. Schwerwiegende gesundheitliche Schäden oder gar Todesfälle durch Vogelspinnen sind allerdings nicht bekannt. Die überwiegende Anzahl der Vogelspinnenarten ist für den Menschen nicht gefährlicher als ein Bienen- oder Wespenstich.

Das Schuljahr ist zu Ende. Du hast wieder viel dazugelernt. Wir hoffen, das Lesen hat dir Spaß gemacht.

Alles Gute für deine weitere Schullaufbahn und viel Spaß beim Lesen und Lernen wünschen dir

Michael und Julia

Kurzzusammenfassungen

Das Lesen mit 5 Sinnen

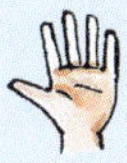

- Je mehr Sinne du beim Lesen mit einbeziehst, desto besser.
- Stelle dir das Gelesene wie einen Film vor.
- Höre beim Lesen Stimmen und Geräusche in deinem Kopf.
- Fühle dich in das Geschehen ein.
- Stelle dir auch vor, wie die Dinge riechen und schmecken.

Zeitungstexte lesen

Lies Zeitungstexte und beantworte die folgenden Fragen:

1. **Wo** war das?
2. **Wer** war daran beteiligt?
3. **Wann** ist das passiert?
4. **Was** ist geschehen?
5. **Welche** Folgen hatte es?

Markierungsregeln

1. Lies den gesamten Text. Markiere erst beim zweiten Lesedurchgang.
2. Unterstreiche zunächst nur mit Bleistift.
3. Markiere nur einzelne Schlüsselwörter, keine ganzen Sätze.
4. Überfliege die unterstrichenen Textstellen nochmals.
5. Markiere nur die wichtigsten Schlüsselwörter mit einem Leuchtstift.

Sach- und Informationstexte lesen

1. Überfliege den Text und verschaffe dir einen ersten Überblick.
   Lies die Überschrift und achte auf alle Hervorhebungen. Sieh dir die Bilder an.
2. Stelle Fragen: Was will ich wissen? Worauf gibt der Text Antworten?
3. Lies den Text und stelle ihn dir mit allen Sinnen vor.
4. Kläre unbekannte Begriffe.
5. Markiere wichtige Schlüsselwörter.

URKUNDE

Hiermit ernennen wir

zum

Leseprofi

Du hast erfolgreich am Lesetraining 4 teilgenommen.

Herzlichen Glückwunsch!

Ort und Datum

Lehrer/Lehrerin

Neues Wort:	Bedeutung:	Ein Satz mit dem neuen Wort:
Leseprofi	jemand, der sehr gut und viel liest	Ich bin ein Leseprofi.

Neues Wort:	Bedeutung:	Ein Satz mit dem neuen Wort:

Textnachweis

Seite 19, 20 **Wo steckt Mieze?**
von Gaby Goldsack,
gekürzt aus: Meine schönsten Fünf-Minuten-Geschichten,
Parragon Books Ltd, Köln,
übersetzt von Kirsten E. Lehmann

Seite 22 **In meinem Haus lebt ein Gespenst**
von Christine Rettl,
aus: Ein Rucksack voller Gespenster,
Obelisk Verlag, Innsbruck, Wien

Seite 25, 26 **Spinnen**
von Janet Cook,
aus: Alles was ich wissen will Band 2,
Ravensburger Buchverlag, Ravensburg,
übersetzt von Maria Rosken

Seite 27, 28 **Jan + Leo – Verflixte Bälle**
von Ulrich Larsen-Adam,
gekürzt aus: Jan + Leo – Verflixte Bälle
© Carlsen Verlag GmbH, Hamburg 2001

Seite 29, 30 **Auf Besuch im All – Ein Ratekrimi**
von Karin Ammerer,
aus: Drei mörderische Tanten,
G & G Verlag, Wien

Seite 31 **Mein Glück**
von Max Kruse,
aus: Lollipop,
Cornelsen Verlag, Berlin

Seite 33 – 35 **Tom Turbo – Der Wolf mit dem Goldzahn**
von Thomas C. Brezina,
aus: Thomas C. Brezina, Tom Turbo.
Der Wolf mit dem Goldzahn, © 2013 by
G & G Verlagsgesellschaft mbH, Wien

Seite 39, 40 **Das Testament**
von Karin Ammerer,
aus: Drei mörderische Tanten,
G & G Verlag, Wien

Seite 43 **Lieblingspfannkuchen der kleinen Waldgeister**
aus: Leben und erziehen – Sonderheft
‚Richtig essen – Rezepte für Kinder',
Heft 1/2007, Bayard Media, Augsburg

Seite 46, 47 **Lustige Figuren**
aus: Lustiger Partyspaß –
Basteln für Kinder,
Schwager & Steinlein Verlag, Köln

Seite 48 **Gummibärchen**
gekürzt aus: Gusto – Das österreichische Kochjournal, Heft 9/2006,
Verlagsgruppe News, Wien

Seite 49 **Wie sieht das Christkind aus?**
von Elisabeth Zöller,
gekürzt aus: Die schönsten Leselöwen Weihnachtsgeschichten,
Löwe Verlag, Bindlach

Seite 51 **Konzentrationsübungen**
von Gail E. und Paul E. Dennison,
aus: Brain Gym für Kinder,
VAK Verlag, Kirchzarten,
übersetzt von: Beate Walter

Seite 52 **Überkreuzbewegungen**
von Gabriele Förder, Matthias Lesch,
aus: Kinesiologie;
Gräfe und Unzer Verlag,
München

Seite 53 **Zungenbrecher**
von Bernd Brucker
aus: Zwölf zünftige Zipfelmützenzwerge,
Gondrom Verlag, Bindlach

Seite 68, 69 **Chamäleons – kleine Drachen**
aus: TOPIC – Das junge Magazin, Heft 182/2007,
„Kinderzeitung" Zeitschriftenverlagsges. mbH, Wien

Seite 71, 72 **Lisztaffen**
von Brandon Walder
aus: TOPIC – Das junge Magazin, Heft 182/2007,
„Kinderzeitung" Zeitschriftenverlagsges. mbH, Wien

Seite 78 **Der größte Tintenfisch ging ins Netz**
von Thomson Reuters (Markets)
Deutschland GmbH, Nürnberg

Seite 80 **Dreck ist super!**
aus: P.M. Willi wills wissen, Heft 4/2007,
Gruner & Jahr, Hamburg

Seite 81 **Keine Angst vor dem Zahnarzt**
aus: P.M. Willi wills wissen, Heft 2/2007,
Gruner & Jahr, Hamburg

Seite 89 **Piraten**
von Laura Leintz, Daniela Pohl,
aus: Erklär mir was! Die Piraten,
Xenos Verlag, Hamburg

Seite 93 – 95 **Ein Interview mit einem Astronauten**
von Tine Fassomytakis,
aus: P.M. Willi wills wissen, Heft 4/2007,
Gruner & Jahr, Hamburg

Bildnachweis

Seite 27 **Ulrich Larsen-Adam, Jan und Leo: Die verflixten Bälle**
© Carlsen Verlag GmbH, Hamburg 2005

Seite 33 **TOM TURBO**
© 2013 by Tower10, Wien
aus: Thomas C. Brezina, Tom Turbo,
Illustrationen von Gini Neumüller

Seite 54, 55 **Mickey-Maus-Comic**
© 2006 The Walt Disney Company (Germany) GmbH,
Kronstadter Straße 9,
81677 München
aus: Mickey Maus, Heft 34